Iso Karrer

Tierkreis und Jahreslauf

ISO KARRER

TIERKREIS UND JAHRESLAUF

ASTROLOGIE IN MYTHOS UND VOLKSBRAUCH

SPHINX VERLAG BASEL

CIP-Kurztitelaufnahme der Deutschen Bibliothek
Karrer, Iso:
Tierkreis und Jahreslauf: Astrologie in Mythos
u. Volksbrauch / Iso Karrer. – Basel:
Sphinx-Verlag, 1985.
ISBN 3-85914-174-0

1985

Umschlagbild: Mario Grasso
Gestaltung: Charles Huguenin
Satz: Uhl + Massopust, Aalen
Herstellung: Clausen und Bosse, Leck
Printed in Germany
ISBN 3-85914-174-0

INHALT

EINLEITUNG

Dieses Buch möchte mithelfen, die hintergründigen, symbolischen Zusammenhänge aufzudecken, die zwischen dem Jahreslauf der Sonne durch den Tierkreis und dem überlieferten Brauchtum der Völker bestehen. Dadurch wirft es auch ein neues Licht auf die Hintergründe der Astrologie.

Im Verlauf der letzten Jahrhunderte ist, vor allem in den Industriestaaten, das Wissen um diese Grundlagen fast gänzlich verloren gegangen. Mit dem Zeitalter der Aufklärung, deren Anfänge in der Reformation und Renaissance liegen, hat sich – durch unsere einseitige Vernunftgläubigkeit – ein mechanistisches Weltbild durchgesetzt, das jetzt, durch den Zwang der äusseren Situation, radikal in Frage gestellt wird. Wir haben geglaubt, alles zu wissen, alles zu beherrschen und befinden uns heute in der Lage des Zauberlehrlings, der die Geister nicht los wird, die er gerufen hat.

In früheren Zeiten war die Verbindung des Menschen mit der Erde und dem ihn umgebenden Kosmos anders als heute. Der frühe Mensch erkannte Zusammenhänge intuitiv und versuchte sie in symbolischer Form auszudrücken. Heute besitzen wir ein immenses spezialisiertes Fachwissen – eine Übersicht, eine ganzheitliche Schau der Zusammenhänge aber fehlt uns. Mit unserem technischen Wissen sind wir heute – erstmals in der Menscheitsgeschichte – in der Lage, unseren Lebensraum oder unseren Planeten endgültig zu zerstören.

Dem Primitiven fehlt dieses Wissen, doch dafür ist er in ein ganzheitliches Weltbild eingebettet, was seiner Psyche sicherlich besser bekommt. In seinem Buch über den Stamm der zentralafrikanischen Dogon, die ein erstaunliches Wissen über den Hundsstern Sirius besitzen, schreibt Robert Temple: «Heute haben wir das einst an kosmischen Ordnungsprinzipien orientierte... ganzheitliche Leben verwässert. Die innere Uhr unserer Lebensrhythmen ... tickt in uns weiter, aber nicht mehr in Einklang mit der Welt, die uns umgibt ... Wir machen uns selbst zu beziehungslosen Maschinen und reissen uns aus grösseren Zusammenhängen. Dadurch fügen wir unserer Psyche Schaden zu.»[1]

Wir sind heute gewohnt logisch, rational und analytisch zu denken. Wir verhalten uns so, als gäbe es nur Ratio und Logik. Sobald aber unsere Psyche oder unser Gemüt berührt wird, wechseln wir unversehens auf eine irrationale, symbolische Ebene über. Vielleicht schenken wir eine rote Rose, oder lieber doch eine rosafarbene, und wir können sicher sein, dass wir damit verstanden werden. Oder wir zeigen jemanden die Faust – ganz symbolisch, denn wir sind ja rational und leben nicht mehr im Urwald. Aber gerade weil wir uns im Alltag meist krampfhaft bemühen, das anerzogene rationale Verhalten in den Vordergrund zu stellen, reagieren wir immer wieder sehr irrational und unlogisch – ohne es zu bemerken. Das trifft auf fast jeden Menschen zu und ist weiterhin auch nicht schlimm, wenn der Betreffende nicht zum Beispiel ein wichtiger Politiker ist.

Wenn wir uns bewusst machen, dass das analytische Denken weder besser noch schlechter ist als das synthetische Denken, sondern einfach anders, dann fällt es uns leichter, das logische mit dem analogen Denken zu kombinieren und auch einmal «unlogisch» zu sein. Dann brauchen wir uns nicht mehr aussen gegen das «Irrationale» zu wehren, sondern können es auch in uns akzeptieren und dadurch integrieren – um so zu einer ausgeglichenen Ganzheit zu gelangen.

Um den Unterschied zwischen analytischem und synthetischem Denken besser aufzuzeigen, sei hier als Beispiel je eine mögliche Gedankenkette zum Stichwort *Sonne* aufgeführt:

analytisch/logisch	synthetisch/analog
Ideen verbindend	Bilder verbindend
Licht	Helios
Wärme	Apollo
Zentralgestirn	Herkules
Sonnenwind	König
Sonnenflecken	Gold
109× Erdradius	Löwe
Protuberanzen	Adler
solare Radiostrahlung	Hahn

Weil nun der Tierkreis aus einer symbolischen Denkweise heraus entstanden ist, kann es dem analytisch denkenden Menschen auch nicht ohne weiteres gelingen, dessen Hintergründe zu erkennen. Erst wenn wir uns wieder eine ganzheitlich-symbolische Betrachtungsweise angeeignet haben und *Sinnzusammenhänge* erkennen können, gelingt es uns, den Tierkreis wirklich zu verstehen.

Sinnzusammenhänge werden oft in bildhafter Form ausgedrückt; in Sinnbildern, die ein «Bild des Sinnes» geben. Ein Symbol, also ein Sinn-Bild, fängt etwas Wesentliches ein und drückt es gleichnishaft aus. Es steht dadurch über, oder neben einer präzisen, verbalen Formulierung. Im weitesten Sinn ist auch die Sprache symbolisch, denn alle Worte drücken etwas aus, von dem wir uns ein Bild zu machen versuchen. Was verschiedene Menschen jedoch bildhaft mit dem Wort «Vater» verbinden, kann sehr unterschiedlich sein.

Der Tierkreis ist eine symbolische Darstellung des Jahreslaufs der Sonne, eine symbolische Darstellung der Thematik der Jahreszwölftel. Am Himmel ist kein Tierkreis zu sehen, er wurde von Menschen «hinaufprojiziert». Es mag sein, dass archaische Menschen noch kosmisch wissend oder natursichtig waren, dass sie Kenntnisse von Zusammenhängen besassen, die der intellektuell aufgeklärten Menschheit später verloren gingen. Wir neigen heute dazu, die Entstehung der Astrologie – und damit auch des Tierkreises – den Sumerern zuzuschreiben, die um 3000 v. Chr. im babylonischem Raum gelebt haben. Sie sind die Erfinder der Keilschrift, und von ihnen stammen die ältesten astrologischen Aufzeichnungen. Wir wissen aber nicht, ob die Sumerer nicht bloss Überreste von viel älterem Wissen aufgezeichnet haben, damit dieses nicht verloren gehe.

Einer alten indischen Sage zufolge, zog sich Rama, der Held des Ramajana-Epos, im Alter ins Gebirge zurück. Bei seiner Wiederkehr brachte er seinem Volk einen Kalender mit: den Tierkreis. Er übergab ihn seinen Jüngern mit der Auflage, dieses Wissen niemals in Vergessenheit geraten zu lassen, sonst werde er als Richter und furchtbarer Rächer erscheinen. Bemerkenswerterweise sind die Reste dieser Erkenntnisse durch keinen Krieg, durch keine Völkerwanderung, durch keine Sintflut, ja nicht einmal durch das Zeitalter der Aufklärung ausgelöscht worden. In jeweils etwas unterschiedlicher Form finden wir den Tierkreis – mit dem ähnlichen Grundgerüst – in allen Religionen und Kulturen wieder.

Die Bezeichnung, die Auswahl und die Reihenfolge der Tierkreisbilder ist keineswegs zufällig – nur unserem rationalen Denken erscheint dies so. Der Tierkreis entspricht einem zwölfstufigen Entwicklungspfad. Es ist gleichzeitig derjenige der Pflanze im Ablauf eines Jahres – wie der des Menschen im Ablauf eines Lebens.

Der Ausdruck «Tierkreis» ist seltsam gewählt, er wird auch nur im germanischen Sprachraum verwendet. Wir zählen ja keine zwölf, sondern bloss sieben Tiere: Widder, Stier, Krebs, Löwe, Skorpion, Steinbock, Fische; dazu kommen vier menschliche Zeichen: Zwillinge, Jungfrau, Schütze und Wassermann – und ein Gerät: die Waage.

In anderen Sprachräumen wird der Tierkreis «Zodiakus» genannt, nach dem griechischen «Zodiakos». «Zoon» heisst: das Lebewesen; die Tierkreisbilder heissen «Zodia». Die Auffassung, dass die Zodiak-Bilder Lebewesen seien, entstand erst zur Zeit Platos (427–347 v. Chr.), als die Anschauung aufkam, dass die Sterne «Zoa» («Tiere») seien.[2] Zodiakos ist im Grunde gleichbedeutend mit «Kreislauf des Lebens», dessen Darstellung unter anderem auch das Lebensrad ist.

Der im deutschen Sprachraum gebräuchliche Name Tierkreis wird verständlicher, wenn wir uns daran erinnern, dass der germanische Gott der Weisheit und Stärke «Tyr» hiess. In älterer Lautform wurde er Teiwas oder Tiwas genannt, im Althochdeutschen Ziu oder Ziuz – daher das mundartliche «Zischtig» für Dienstag. Ursprünglich wurde Tyr auch mit der Sonne und ihrem Lauf in Verbindung gebracht,[3] und möglicherweise hat *er* dem «Tyr-Kreis» den Namen geliehen.[4]

VOM KALENDER, VON TIERKREIS-ZEICHEN UND STERNBILDERN

Unser heutiger Kalender beruht auf dem römischen Kalender. Die Römer hatten ursprünglich ein zehnmonatiges Mondjahr, das mit dem Monat März begann und «Jahr des Numa» genannt wurde.[5] Später verwendeten sie ein Mondjahr von zwölf Monaten und 355 Tagen. Ohne genau fixierten Wahltermin wählten sie jährlich zwei Konsuln als oberste Beamte und seit dem Jahr 153 v. Chr. traten diese ihr Amt jeweils am 1. Januar an.

Im Jahre 133 v. Chr. schlug Scipio der Jüngere (185–129 v. Chr.) durch die Eroberung von Numantia in Kastilien einen Aufruhr in den spanischen Kolonien nieder. Um die Neuwahl der Konsuln durch diesen Aufstand nicht ungünstig zu beeinflussen, hatte man zwei Monate – bis zu Scipios Sieg – einfach den Kalender angehalten und damit eine jahreszeitliche Verschiebung bewirkt.

Erst etwa hundert Jahre später versuchte Julius Cäsar, den herrschenden Kalenderwirrwarr zu ordnen. Im Jahre 46 v. Chr. fügte er zwei Schaltmonate hinzu und schloss das Mondjahr an das tropische Sonnenjahr an. Gleichzeitig verlegte er den Jahresanfang auf den 1. Januar, auf den Tag des Amtsantritts der Konsuln. Der kosmische Jahresbeginn, der Frühjahrsanfang, wurde dabei nicht mehr beachtet. Mit dem julianischen Kalender ergab sich nach 128 Jahren eine Abweichung von einem Tag auf das Sonnenjahr, so dass um das Jahr 1500 herum das Frühjahr schon am 12. März begann, obwohl es nach dem Kalender um den 21. März hätte beginnen sollen.

Anno 1582 korrigierte Papst Gregor XIII. die in der Zwischenzeit entstandene Abweichung durch einen Sprung vom vierten auf den fünfzehnten Oktober. Er schob auch die heute noch gebräuchlichen Schaltjahre, respektive Schalttage ein und legte die Frühlings-Tagundnachtgleiche auf den 21.

März fest. Mit seiner Schaltjahranordnung beträgt die Abweichung erst in rund 3000 Jahren einen Tag.

Der neue gregorianische Kalender wurde in den katholischen Ländern sofort eingeführt, in den protestantischen erst ab 1700. Im Jahre 1923 haben sich auch die Staaten der griechisch-orthodoxen Kirche (Griechenland, Russland) dem gregorianischen Kalender angeschlossen. Der julianische Kalender blieb bis dahin um etwa 13 Tage zurück.

«Gregori macht, den Tag gleich der Nacht.» Dieses Sprichwort vom Gregoritag (12. März) weist auf die Zeit *vor* der Kalenderkorrektur hin, als das Frühlings-Äquinoktium (Tagundnachtgleiche) nicht auf den 21., sondern auf den 12. März fiel.

★

Am nächtlichen Himmel sehen wir die Sterne im Osten aufsteigen, über uns ziehen und im Westen wieder untergehen. Viele helle Fixsterne tragen eigene Namen, so zum Beispiel Castor und Pollux im Stern*bild* der Zwillinge; Sirius, der Hundsstern, im Stern*bild* des grossen Hundes; Antares im Stern*bild* des Skorpion.

Als Stern-*Bilder* oder Tierkreis-*Bilder* werden gewisse Sterngruppen bezeichnet, die zu irgendeinem Zeitpunkt – von Menschen – mit einem Namen versehen wurden.[6] Dass aber zum Beispiel im Stern*bild* des Wassermanns nicht einfach ein «Wassermann» gesehen wurde, lässt sich erkennen, wenn man die Namen vergleicht, mit denen diese Sterngruppe (also dieses Stern*bild*) zu verschiedenen Zeiten und von verschiedenen Völkern bezeichnet wurde (s. S. 121 f.). Alle Bezeichnungen sind symbolisch zu verstehen, sie alle enthalten eine gleiche Idee, umschreiben ein gleiches

Urprinzip. Dieser geistige oder archetypische Hintergrund ist das Wesentliche – um ihn soll es in dieser Darstellung gehen.

Vor etwa 2000 Jahren stand zur Zeit der Frühlings-Tagundnachtgleiche die Sonne an der Grenze der Stern*bilder* Widder und Fische. Schon 25 000 Jahre früher, das ist die Dauer eines «platonischen Jahres», befand sie sich bei Frühjahrsbeginn an dieser Stelle. Um das Jahr 2000 herum steht sie bei Frühjahrsbeginn an der Grenze der Stern*bilder* Fische und Wassermann und bleibt dann – jeweils bei Frühlingsbeginn – zwei Jahrtausende vor dem Stern*bild* Wassermann. Das ist der Grund, weshalb immer wieder vom kommenden «Wassermann-Zeitalter» gesprochen wird. Ursache dieser Verschiebung ist die Rotation der Erdachse; dieses Phänomen wird «Präzession» genannt und wurde um 150 v. Chr. von Hipparch von Nikaia entdeckt. Es ist seither sowohl den Astronomen wie auch den Astrologen wohlbekannt.

Der Tierkreis entspricht der «Ekliptik», also der Bahn, welche die Sonne im Ablauf eines Jahres vor dem Hintergrund der Fixsterne und Tierkreis*bilder* – scheinbar! – zurücklegt. Der Tierkreis wird in zwölf Tierkreis*zeichen* unterteilt und stellt eine symbolische Zwölfteilung des Erdenjahres dar. Er beginnt bei Frühlingsbeginn mit dem Tierkreis*zeichen* Widder und entspricht dem irdischen Lebenszyklus, dem Jahreslauf der Natur auf der Nordhalbkugel. Der 25 000jährige Präzessionszyklus beeinflusst dieses jährliche Geschehen nicht auf eine für den Menschen direkt wahrnehmbare Art und Weise.

Aus diesem Grund ist es weder für das jährliche Naturgeschehen, noch für die astrologische Arbeit von Bedeutung, wenn die Sonne im Laufe der Jahrtausende bei Frühjahrsbeginn jeweils vor einem anderen Stern*bild* steht! Der diesbezügliche Einwand verkennt, dass die astrologischen Grundlagen symbolischer und archetypischer Art sind, er geht eher davon aus, dass die einzelnen Stern*bilder* irgendwelche Strahlungen aussenden, und dass durch die erwähnte Verschiebung die (einst richtige?) Zuordnung heute nicht mehr stimmt.

Um den Unterschied zwischen Tierkreis-*Bildern* und Tierkreis-*Zeichen* nochmals deutlich zu machen: die Stern- oder Tierkreis-*Bilder* sind am Himmel zu sehen, sie können fotografiert werden, sind physisch wahrnehmbar, die Sonne steht vor ihnen. Die Tierkreis-*Zeichen* entsprechen zwölf Urprinzipien, sie sind daher nicht physisch wahrnehmbar, höchstens deren Auswirkungen.

Es ist möglich, dass ein irdischer, zehn- oder zwölfteiliger Zyklus in der Frühzeit erkannt und mit symbolischen Begriffen bezeichnet worden ist. Als Erinnerungshilfe sind dann auch die Tierkreis-*Bilder* so benannt worden, wobei dies um etwa 3000 v. Chr. – also zur babylonischen Zeit – wie auch bereits 25 000 Jahre früher geschehen sein könnte.[7] Im Laufe der folgenden zwölf Kapitel soll versucht werden, diesen symbolischen Gehalt der Tierkreis-*Zeichen* aufzuhellen.

DER MENSCH IM KOSMOS

Der grösste Teil unseres Brauchtums, das bedauerlicherweise je länger je mehr verloren geht, hat seinen Ursprung in Zeiten, in denen der Mensch eine noch sehr enge Verbindung mit der Natur besass und ungleich stärker als heute in ihren Jahreslauf eingeschlossen war. Dass er sich damals vor Blitzen fürchtete und solche als Zorneszeichen erboster Götter deutete, heisst nicht, dass Blitze heute weniger gefährlich sind – auch wenn wir sie jetzt als elektrische Entladungen verstehen können.

Diese enge Verbindung mit der Natur ist uns zivilisierten Menschen verlorengegangen und damit auch ein Eingebettetsein in die natürlichen, kosmischen Abläufe. Wir haben zu einseitig unseren Intellekt entwickelt und dafür unsere Psyche, unsere Intuition vernachlässigt. Nur langsam finden wir wieder zu dieser inneren Ebene zurück, die bei unseren entfernten Vorfahren vielleicht die einzig zugängliche war. Wenn wir heute entdecken, dass in alten indischen Gedichten unzähliges Wissen um Makro- und Mikrokosmos enthalten ist, wenn wir erstaunt feststellen, dass die Schöpfungsgeschichte der altnordischen Edda in sehr bildhaften Worten die Entstehung der Welt auf eine Art und Weise schildert, die dem neuesten Stand der naturwissenschaftlichen Erkenntnissen entspricht...,[8] können wir dann völlig von der Hand weisen, dass die frühen Kulturen vieles in einer, vielleicht bildhaften Innenschau erkannt und versucht haben, es mit ihren Mitteln auszudrücken?[9] Seien dies nun Rituale, die zu Volksbräuchen geworden sind, oder mythologische Schilderungen, die wir heute nicht mehr verstehen, oder symbolische Darstellungen, an denen wir herumrätseln?

Es wird sich im folgenden herausstellen, dass die meisten unserer Bräuche auf eine recht alte Überlieferungen zurückgehen, die ganz seltsam mit dem Jahreslauf und der Thematik des jeweiligen Tierkreis-*Zeichens* verknüpft sind. Dass schon früheste Kulturen um diese Verknüpfungen wussten und sie auf ihre Art ausgeformt haben. Und was veranlasst uns, an gewissen Bräuchen festzuhalten, obwohl uns deren ursprünglicher Sinn längst nicht mehr klar ist? Tun wir es nur aus Gewohnheit, oder weil wir vielleicht mit dem verbunden sind, was C. G. Jung das «kollektive Unbewusste» nennt?

Die katholische Kirche hat immer wieder stark in das überlieferte Brauchtum eingegriffen. Allerdings gelang es ihr nur ganz selten, die alten Überzeugungen auszurotten; sie deutete solche in der Folge um und versuchte, sie dem christlichen Glauben anzupassen. So wurden beispielsweise zahlreiche christliche Feste auf Tage verlegt, die dem Volk bereits heilig waren – einige Beispiele werden das aufzeigen. Ebenso wurden christliche Bauten oft an heidnischen Kultstätten errichtet. Unsere heutigen Bräuche haben daher vielfach eine heidnische *und* eine christliche Wurzel.

Zuweilen wird ein Brauch als für eine Region typisch bezeichnet, weil er nur noch dort praktiziert wird und sein Ursprung vergessen ist. In einem grösseren Zusammenhang betrachtet, bestehen immer eine Anzahl Querverbindungen zu anderen Bräuchen. Nicht selten treten zeitliche Verschiebungen auf, oder verschiedene Bräuche wurden zu einem einzigen Fest zusammengefasst. Dazu haben sowohl Dekrete und Verordnungen, wie auch organisches Wachstum im Laufe der Zeit beigetragen. Ein wesentlicher Grund für das unaufhaltsame Verschwinden der alten Bräuche ist bestimmt in unserem gestörten Verhältnis zu den Vorgängen in der Natur zu suchen, das mit der zunehmenden Industrialisierung zusammenhängt, und das wir mit rationalem Verhalten zu verdrängen suchen. An vielen Bräuchen halten wir aber trotzdem fest, so irrational sie auch sein mögen. Wir können uns, mit Erich Fromm, die Frage stellen, wieweit Europa je wirklich christianisiert worden ist.[10]

Zu Beginn einer neuen Jahreszeit findet immer ein wichtiges Fest statt, dieses ist das offizielle Fest zum kosmischen Schaltpunkt. Ein geheimes Fest wird jeweils vierzig Tage später abgehalten. Wir zählen jeweils 40 oder 41 Tage zwischen Frühjahrsbeginn und 1. Mai; zwischen Sommerbeginn und 1. August; zwischen Herbstbeginn und 1. November; zwischen Winterbeginn und dem 2. Februar (Lichtmess, siehe Wassermannphase).

★

In den folgenden zwölf Kapiteln wird zuerst das Naturgeschehen während dem jeweiligen Zeitraum gestreift. Die Datumsangaben für die einzelnen Abschnitte können sich – je nach Jahr/Schaltjahr – um etwa einen Tag nach vorne oder zurück verschieben.

Der zweite Abschnitt in jedem Kapitel behandelt die Entsprechungen dieser «Symbolphase» im Ablauf eines Menschenlebens. Diesen zwölf Lebensphasen kann sowohl ein Sechs-, wie auch ein Sieben-Jahreszyklus zugrunde gelegt werden. Beide haben ihre Richtigkeit und bestehen nebeneinander; zudem sind die Übergänge fliessend und individuell verschieden.[11]

Die Aufzählung der Volksbräuche erhebt weder Anspruch auf Vollständigkeit, noch enthält sie ausschliesslich heute ausgeübte Bräuche. Um die Zusammenhänge besser aufzuzeigen, greift sie stellenweise zurück auf alte germanische, römische, griechische oder andere Sitten, die vielfach parallel zueinander bestanden und sich gegenseitig beeinflusst oder sogar vermischt haben. Manchmal schien eine mythologische

Erwähnung angebracht. Die vielen Querverweise (→) sollen Zusammenhänge aufzeigen.

Im Anhang finden Sie ein Stichwortverzeichnis, welches das Wiederauffinden von Namen und Bräuchen erleichtern soll. Ferner eine Aufstellung über die in jedem Tierkreiszeichen erwähnten Bräuche, Feste und Namen, die eine rasche zeitliche Übersicht gibt. Ein Vergleich der sieben Wochentage mit den ihnen zugeordneten Göttern zeigt, dass dieser Ablauf im europäischen Raum immer derselbe ist. Eine Aufstellung der kirchlichen Feste findet sich im Stichwortverzeichnis unter «Kirchenjahr».

Und nun: Bitte versuchen Sie beim Lesen nicht nur Ihren kritischen Verstand zu gebrauchen, sondern auch Ihre Intuition – denn beide können sich bestens ergänzen. Versuchen Sie, die Idee zu erspüren, die hinter dem sichtbaren Ausdruck, hinter der sichtbaren Erscheinung verborgen liegt – und nur darauf wartet, wieder ins Bewusstsein gehoben zu werden.

W I D D E R

21. März bis 21. April

Im Frühjahr, das heisst in der Widderphase, dem kosmischen Jahresanfang, beginnen Blatt- und Blütenknospen, die sich neun Monate zuvor in der Krebsphase gebildet haben, anzuschwellen und aufzubrechen. Das neue Leben wird sichtbar. Die Keimlinge durchbohren die Erde, heben Steine und sprengen Asphaltdecken, die ihrem Drang nach Licht und Sonne im Wege stehen. In diesem Zeitraum offenbart sich der Selbstbehauptungswille, der das neue Lebewesen erfüllt.

Wie bei der Pflanze ist auch beim Menschen der Geburtsakt eine Kräfteballung. Der Drang sich durchzusetzen erfüllt das Neugeborene. In seiner Widderphase ist es nur sich selbst bewusst und fühlt sich als «Mittelpunkt der Welt». Die «Ich-Durchsetzung» ist das Gesetz allen Lebens in seiner ersten Phase. Wenn sie zur «Ich-Sucht» anwächst und die Lebensrechte der Umwelt nicht zur Kenntnis nimmt, so bleibt der Mensch auf einer kindlich-egoistischen Stufe stehen. Die Astrologie ordnet dem Tierkreis-*Zeichen* Widder das Planetenprinzip Mars zu, und zwar in seiner aktiven, aufbauenden, sich durchsetzenden Ausprägung.

Zur Zeit der Tagundnachtgleiche (21. März), wenn das neue Leben sichtbar wird, begehen wir das Osterfest. Es stammt aus dem Judentum und heisst dort «Pessach», Überschreitung (2. Buch Moses, 12, 27). Der Name bezieht sich auf das biblische Ereignis, als Gott die Dächer Israels «übersprang» und vor dem Auszug der Juden die Erstgeborenen der Ägypter schlug. Das war gewissermassen die Geburt des Judentums.

Die Bezeichnung *Ostern* wird von der germanischen Frühlingsgöttin «Ostara» abgeleitet, deren Name mit «Osten» und daher auch mit dem Morgen zusammenhängt. Wie die babylonische Göttin «Ischtar», die römische

«Flora» und die ägyptische «Isis» ist auch sie ein Sinnbild für das pflanzliche Leben.

Unser Osterhase, der die Eier bringt, ist seit der Antike als Symbol für Fruchtbarkeit bekannt. In Fränkisch-Thüringen brachte der Storch (ein Zugvogel, der dann zu uns kam, wenn die Natur wieder zum Leben erwachte) die Eier und in Schleswig-Holstein der Hahn[12] (der mit seinem Schrei die aufgehende Sonne begrüsst).

Das Ei selber ist ein Symbol des keimenden, immer wiederkehrenden Lebens, der Wiedergeburt. Seit alters her finden wir es in allen Kulturkreisen, seine Bedeutung ist immer und überall dieselbe. Durch das Färben der Eier soll die fröhliche Vielfalt der bunten Pflanzenwelt gezeigt oder beschworen werden, durch das Verstecken unter Büschen und im Gras die spriessende Natur begrüsst und vielleicht – durch Analogiezauber – zum Wachstum angespornt werden. Noch heute spielt auch im Brauchtum der Juden das Ei zu Ostern eine Rolle. Zusammen mit grünem Kraut, Bitterkraut, Latwerge, Salzwasser und einem Knochen (an dem noch etwas Fleisch ist), kommt es in der «Sederschüssel» auf die festliche Tafel. Am Morgen des zweiten Festtages wird bei ihnen seit altersher die erwachende Fruchtbarkeit der Erde durch das Darbringen einer Mass Gerste gefeiert.[13]

Die Germanen haben ihren Verstorbenen als Totengabe unter anderem auch Eier mit ins Grab gegeben,[14] als Symbol des wiederkehrenden Lebens. Der Volksglaube sagt Eiern, die in den Ostertagen gelegt worden sind, unheilabwehrende Kräfte nach: man hängt sie in den Ställen auf, um das Vieh vor Krankheiten zu schützen, die Scheune sollen sie vor Brand bewahren, die Felder vor Hagel und anderes mehr.

Im alemannischen Raum wird heute noch das «Eierlaufen» veranstaltet. Die Eier werden zum Beispiel auf einem

Weg ausgelegt und eine erste Gruppe von Wettkämpfern muss sie einsammeln, während die zweite Gruppe versucht, die Einsammler mit Rutenschlägen (→ Lebensrute) daran zu hindern. Obwohl bereits im Jahre 1640 der Strassburger Münsterprediger Konrad Dannhauer den Eierwettlauf als «Osterfastnacht und heidnischen Sauerteig» verurteilte, hat sich dieser Brauch bis in unsere Zeit halten können.[15]

Von den ersten, auf der Osterinsel tätigen Missionaren wissen wir, dass zur Frühjahrszeit alljährlich ein Wettbewerb stattfand, bei dem die Teilnehmer zu einer nahen Vogelinsel hinausfuhren. Der erste, der mit einem Ei zurückkehrte, war Sieger und galt für die nächsten Monate als heiliger Vogelmensch.[16]

In manchen Gebieten Deutschlands erhält der mit Eiern Beschenkte gleichzeitig einen Schlag mit der Lebensrute[17] (→ St. Nikolaus), einer von raschwachsenden, saftigen und heilkräftigen Sträuchern und Bäumen abgeschnittene Rute (Hasel, Birke, Wacholder, Flieder, Kirschbaum, Linde). Oft müssen die Geschlagenen ein Geschenk geben, und dadurch bestätigen sie den Empfang eines Vorteils.[18] In Hinterpommern singen die Knaben: «Stieps, Stieps, Osterei! Gibst du mir kein Osterei, hau' ich dir dein Hemd entzwei!»[19] «Stiepen» kommt vom althochdeutschen Wort «stoupan» und heisst: Staub machen, in die Flucht schlagen. Durch das Schlagen will man die in den Ruten wohnenden guten Geister (oder Kräfte) des Wachstums auf den Körper übertragen, damit sie die bösen Dämonen verdrängen, die sich im Winter eingenistet haben.[20]

Im deutschen Märchen «Die drei Brüder und der Hüne» wird einem der Brüder verraten, dass er die abgeschlagenen Köpfe seiner beiden Geschwister mit einem Ei am Hals bestreichen und dann mit einer Rute darüberschlagen müsse, damit sie wieder lebendig würden.[21] Wir sehen an diesem Beispiel, dass sowohl das Märchen, wie auch die Mythen und Volksbräuche, um die Symbolik des kollektiven Unbewussten wissen.

Im Riesengebirge erschienen am frühen Morgen des Ostertages die Burschen in den Schlafkammern der Mädchen, peitschten sie mit Ruten aus den Betten und bespritzten sie mit Wasser.[22] Auch hier ist die Rute nicht als Züchtigungswerkzeug, sondern als «Lebensrute» zu verstehen. In Ungarn tauchten die Burschen die Mägde ins Wasser oder übergossen sie damit und erhielten dafür rote Eier geschenkt.[23]

Früher wurden in Deutschland am Ostermorgen *vor* Sonnenaufgang, und zwar bei jedem Wetter, Ballspiele durchgeführt. Die Spieler stellten sich in der Ost-West-Achse auf und spielten sich den Ball zu. Unschwer ist der Zusammenhang zwischen dem Ball und der Sonne zu erkennen. Die Griechen sollen um den Frühlingsbeginn, am Fest des Sonnengottes Apollo, denselben Brauch geübt haben.[24] Im 11. Jahrhundert ist um Ostern auch in den Klöstern der Normandie Fussball gespielt worden. Die christliche Erklärung dafür lautete, dass der Ball die Seele des Judas darstelle und mit den Füssen getreten würde. Interessant ist die Beobachtung, dass die Kinder um eben diese Zeit mit ihren Murmeln zu spielen beginnen. Die kleinen glänzenden «Sonnenkugeln» werden in ein Erdloch gerollt, ein Symbol für die Vermählung der Sonne mit der Erde.

Als letzte Spuren von heidnischen Opferfesten werden zu Ostern «Gebildebrote» gebacken, in Wien zum Beispiel die «Osterflecke»; runde Kuchen, die das Ausmass eines Pflugrades erreichten. In Lüdge im Wetigau buk man «Krengeln» (von Kringel, das heisst: Kreis), auch sie sind eine Darstellung der Sonnenscheibe.[25] Der Prophet Jeremia berichtet (7, 18), dass in den Städten Judas und in den Gassen Jerusalems die Kinder Holz auflesen, die Väter Feuer anzünden, und die Frauen Teig kneten, um der Himmelsgöttin Kuchen zu backen. Auch der ägyptischen Fruchtbarkeits-Göttin Isis buk man Kuchen, sie hatten die Form des weiblichen Geschlechtes. Noch heute werden auch bei uns solche Brötchen hergestellt. Einige Mittelmeervölker fertigten im Frühjahr Brote an, in welche sie die Form eines männlichen Glieds einpressten.[26] In vielen Gegenden Europas gibt es heute noch Osterbrote und Osterfladen; so ist in Pommern seit 1451 ein Brot in Wolfsform, der «Osterwolf», bezeugt.[27] Dieser steht in Beziehung zum Fenriswolf: in der Edda, der altnordischen Gedichtesammlung, verschlingt der Fenriswolf die Sonne und wird später von Odins Sohn Widar erschlagen. Die Völker des Nordens sagten, dass der Fenriswolf im Herbst die Sonne verschlingt und sie Ende Winter wieder freigibt. Auch in Hellas opferte man Apollo, dem Gott des Lichtes, Kuchen,[28] um ihm für sein «Wiedererscheinen» zu danken.

In der Osterzeit herrscht Freude darüber, dass der düstere Winter vorbei ist und die Sonne die Dunkelheit besiegt hat. In der katholischen Kirche werden in der Osternacht Feuer und Wasser geweiht. Noch vor dem Morgengrauen schlägt der Priester Feuer und entzündet mit der neu entstandenen Flamme die Osterkerze. Johannes (8, 12) bezeugt das Wort Christi: «Ich bin das Licht der Welt.» In der Osterliturgie wird altes kosmisches Brauchtum in eine neue Form gekleidet, die Kirche wird dem Licht geweiht, das aus der Dunkelheit kommt. Aus demselben Grund sind viele alte Kirchen auf der Ost-West-Achse gebaut. Die Gläubigen treten durchs Westportal (aus der Dunkelheit) in die Kirche, der Altar steht dann in Ostrichtung, also dort wo das Licht herkommt. Auch Wasser weiht der katholische Priester in der Nacht auf den

Ostersonntag. Dies stellt symbolisch den Urschoss allen Lebens dar, das Fruchtbarkeitserzeugende und die geistige Welt (→ andere Wasserbräuche). Wenn der Priester geweihtes Wasser über die Gläubigen versprengt, ein seit der Antike geübter Brauch, so liegt dieser Handlung die gleiche Symbolik zugrunde, wie dem Treiben der Burschen im Riesengebirge, wenn sie die Mädchen mit Wasser bespritzen.

Im Volksglauben besitzt «Osterwasser» eine unheilabwehrende Kraft. Man muss es *vor* Sonnenaufgang, schweigend und flussabwärts (also *mit* der Bewegung des Wassers, nicht gegen den Strom) schöpfen.[29] Mit diesem Wasser wird das Vieh besprengt, der Stall und die Wohnräume. Vielerorts wird es aufbewahrt und bei Krankheiten verwendet.

Bei den Germanen fiel eines der Hauptfeste in unsere Osterzeit: Die Weihe von ergrünenden Zweigen und jungen Kräutern.[30] Die Kirche hat dieses Fest im Gründonnerstag und Palmsonntag übernommen und in die Zeit *vor* Ostern verlegt (→ Fische). Schon im alten Jerusalem war der Palmsonntag ein Festtag (Joh. 12, 12). In unseren Gegenden werden nach wie vor Eibe, Buchs, Stechpalme, Weide, Birke und Hasel geweiht, also raschwachsende, heilkräftige oder immergrüne Pflanzen.

Auch Pflugumzüge finden um Ostern oft statt. Beim ersten Pflügen hatte der Bauer früher manchmal einen «Maien» in der Hand,[31] der den Sommer herbeiführen und die Erde zum Wachstum anspornen sollte. Eine Felszeichnung aus Skandinavien, die schätzungsweise um die Mitte des zweiten Jahrhunderts v. Chr. entstanden ist, zeigt einen pflügenden Mann, der ein Bäumchen in der Hand trägt[32] (→ Sommertagsstecken). Beim sogenannten Pflugumziehen werden in Deutschland oft Mädchen vor den Pflug gespannt und häufig geht die Fahrt durchs Wasser.[33] Im März scheinen die

Germanen mit dem Bestellen ihrer Äcker begonnen zu haben. Die erste Furche wurde jeweils mit einem geweihten Pflug gezogen; dieser stellte den Phallus dar, der die Erde aufreisst, damit sie durch den Samen befruchtet werden kann. Maria Verkündigung (25. März) wird vom Volk meist «Pflugmareien» genannt.

Die alten Römer feierten Mitte März, kurz nach ihrem einstigen Jahresbeginn, ein Fest zu Ehren von Liber und Libera, zwei Göttern der Fruchtbarkeit, die zusammen mit Ceres (Korngöttin, → Jungfrau) einen gemeinsamen Tempel auf dem Aventin besassen. An diesem Fest verkauften alte, mit Efeu bekränzte Frauen Honigkuchen und opferten diese im Namen des Käufers auf kleinen tragbaren Herden den Göttern.[34] Etwa vier Wochen später, in der Stierphase, wurden der Erde, «... die jetzt trächtig ist mit dem ausgesäten Samen...», trächtige Kühe geopfert.[35]

In der Nibelungendichtung wird Kriemhild sechs Monate lang, sechs Klafter tief unter der Erde, von einem Drachen festgehalten. Um die Osterzeit befreit Siegfried die Gefangene. Er wird jedoch später erschlagen und verliert Kriemhild wieder an den Drachen. Der Drache stellt, wie der Wolf, den Winter dar, der die Sonne «verschlingt». In Kriemhild erkennen wir wie in Ostara und Ischtar das wiederkehrende pflanzliche Leben und in Siegfried, der das pflanzliche Leben befreit und es später wieder verliert, die Sonne.

Bis ins Jahr 1913 wurde im Umkreis des Sauwaldes bei Taufkirchen an der Pram, ein «Osterritt» durchgeführt, an dem an die vierzig Reiter teilnahmen. Vier Dinge wurden mitgeführt: eine grosse Kuhglocke (→ Läuten; Grasausläuten), ein Rosenstrauss, dessen Rosen[36] in die einzelnen Felder gesteckt wurden, eine grosse Schere, mit der an bestimmten Plätzen Saatpflänzchen abgeschnitten wurden, und ein Bockshorn. Der nordische Gott Thor besass zwei Böcke, die er eines Abends schlachtete, um sie am nächsten Morgen wieder zum Leben zu erwecken. Der Vorreiter des Taufkirchener Osterritts trug am linken, strumpflosen Fuss einen Lederschuh (→ Totenschuh), sein rechter Fuss war nackt.[37] Von Widar, einem Sohn Odins, wird in der Edda erzählt, dass er den Fenriswolf besiegte, indem er ihm seinen linken Schuh in den Rachen stellte und ihn entzweiriss.[38] Anno 1784 wurde in Eichstatt der Flurumritt der Bürger und Bauern als «Zeremonie der alten Heiden» abgeschafft.[39]

In der Widder-Phase setzt sich das neue – oder das wiederkehrende – Leben durch. Ein Aufbruch findet statt, der dem aktiven, dem eher männlichen Prinzip entspricht. Das Lichte, die Sonne, verstärkt seinen Einfluss. Dieser hellen Kraft brachte der Mensch Dankesopfer dar, weil er sich als Bestandteil des kosmischen Geschehens empfand.

STIER

21. April bis 22. Mai

In der Stier-Phase wächst die Pflanze weiter. Sie zieht ihre Kraft aus den Naturelementen Erde, Wasser, Licht und Wärme. Auf alchimistischem Weg werden diese in organische Bausteine umgewandelt und dem Wesen einverleibt.

Auf die Geburt folgt das Wachsen. Was das Kind in der Zeit seines körperlichen und geistigen Wachstums aufnimmt, baut sich unverlierbar in seinen Geist und Körper ein. Bei allen Kulturvölkern beginnt deshalb in dieser Phase auch die geistige und körperliche Schulung. Werden ausschliesslich materielle Stoffe aufgenommen, und keine geistige Substanz, so sieht das Kind lediglich die irdische, materielle Welt und hält diese für das einzig Wahre. Ohne geistige und sinngebende Werte baut es sich ein nur materielles Weltbild auf und bleibt, oft zeitlebens, dieser Einstellung verhaftet. Astrologisch entspricht dem Tierkreis-*Zeichen* Stier das Prinzip Venus, und zwar in seiner, auf die materielle Wirklichkeit bezogenen Tendenz zu harmonischem Wachstum, zu formgebender Schönheit und körperhafter Sinnenfreudigkeit.

Bei den Griechen wurde die Schönheit der blühenden Erde durch Aphrodite, bei den Römern durch Venus/Flora verkörpert. Flora war eine altitalische Vegetationsgöttin. Zu ihren Ehren fanden, seit etwa 238 v. Chr., regelmässig anfangs Mai die Floralien statt: ein Kollegium von zwölf römischen Priestern – Fratres Arvales, Flurbrüder genannt – führte einen Flurumgang durch, um Fruchtbarkeit und Schonung für die Felder zu erbitten (→ Flurumgänge). Es wurden mehrtägige Spiele veranstaltet, bei denen Flora in Gestalt einer jungen Frau mit einem Blütenfüllhorn dargestellt wurde.[40] Am 3. Mai, dem letzten Tag der Festlichkeiten, fanden Zirkusspiele statt, bei denen man Rehe und Hasen in die Arena liess und Jagd auf sie machte. Zudem warf man Bohnen, Kichererbsen und Lupinen (Wolfsbohnen) unter das Volk[41] (→ Hülsenfrüchte).

Ein Frühlingsfest scheint es auch bei den Germanen gegeben zu haben, denn als die katholische Kirche 1484 die Inquisition in Deutschland auch auf das Hexenwesen ausdehnte, wurde dieses Fest zum Hexensabbat erklärt.[42] Der Ausdruck «Hexe» leitet sich übrigens vom althochdeutschen Wort «Hagazussa» (die auf dem Hag sitzt, Zaunreiterin) ab, was eine Bezeichnung für germanische Hainpriesterinnen gewesen sein kann.[43] Die Nacht auf den 1. Mai heisst Walpurgisnacht (40 Tage nach Ostern). In ihr versammeln sich nach dem Volksglauben alle Hexen und Dämonen, also die Trabanten des Winterdrachen, ein letztesmal, bevor sie von der Sonne vertrieben und bis zum Herbst in die Unterwelt zurückkehren müssen. Sie verfolgen die keusche, weissgekleidete heilige Walpurga während der ganzen Nacht durch Wiesen und Täler. Im Mittelalter wurde sie am nächsten Morgen als Mai*frau* in einem blumengeschmückten Wagen durch die Strassen geführt. Hier sind zwei Bräuche miteinander verschmolzen: die Vertreibung aller bösen Wesen und Winterdämonen, die den Menschen, dem Vieh oder den Fluren schaden könnten, und das Hineingeleiten der Wachstums- oder Vegetationsgöttin Walpurga (Flora) ins Dorf.

In der Brandenburg ritt ein als Hexe verkleideter Bub auf einem Besen zum Tor hinaus und wurde von einer Horde brüllender und schreiender Kinder verfolgt (→ Lärmumzüge). Im Teutoburger Wald knallte man in der Walpurgisnacht mit den Peitschen, um die Hexen zu vertreiben.[44] Im liptauischen Stemmen wurden in der Nacht auf den 1. Mai die Böcke ausnahmsweise zu den Ziegen gesperrt, mit der Erklärung: «Damit die Hexen keinen Geissbock (sprich: Teufel) finden», mit dem sie sich einlassen könnten. Die

Verteufelung des Bockes durch die Kirche beruht einerseits auf der Erscheinung des Natur- und Fruchtbarkeitsgottes Pan, der immer mit Hörnern, Hufen und Ziegenschwanz dargestellt wird, andrerseits auf der Verehrung, die Thor, einer der wichtigsten nordischen Götter, immer noch genoss und dem Böcke geopfert wurden. In einigen Gegenden Deutschlands legten die Bauern in der Walpurgisnacht ihre Eggen mit den Spitzen nach oben vor die Stalltür, «damit keine Hexe landen könne», und im Berner Jura wurde der «Wolf» (→ Fenriswolf, → Isegrim) vertrieben.[45] Alle Lärmumzüge, solche werden auch heute noch an vielen Orten abgehalten, haben die Aufgabe, die bösen Mächte des Winters zu vertreiben und die guten Kräfte des Wachstums zu wecken.

Statt einer Mai*frau* wird in Schlesien ein Mann aus dem Wald geholt: Wenn an Pfingsten die Burschen im Wald den «Maibaum» schlagen, entdecken sie den «Pfingstl», ein mit grünen Zweigen und Schilfbündeln bekleidetes Wesen, das vor dem Gesicht eine Rindenmaske trägt. Unter grossem Jubel bringen sie den Pfingstl ins Dorf und tauchen ihn in den nächstgelegenen Brunnen oder Bach (Wasser als Fruchtbarkeitssymbol). Andernorts heisst dieses Wesen «Wilder Mann» oder «Laubmännchen». Verschiedentlich trägt er eine Vogelmaske und wird dann «Wasservogel» genannt.[46] Im bayerischen Hollerau wurde der Wasservogel aus dem Wald gebracht. Sein Gesicht hatte er hinter einer Rindenmaske versteckt, auf dem Leib trug er struppiges Gefieder aus Birkenreisig und Heidekraut. Er ritt in einen Bach und schwang sich vom Pferd. Zwei wartende Mädchen fingen ihn auf und nahmen ihm die Maske ab. Nachdem sie ihn gewaschen hatten, legte er den beiden seine Arme um den Nacken und gemeinsam tauchten sie dreimal unter.[47] Dieses

Untertauchen kann mit dem Akt der Taufe verglichen werden, durch den das Naturwesen reingewaschen wird. Belegt ist auch der Brauch, dass der Pfingstl, in Laub und Stroh gewickelt, von Hof zu Hof zog und einen Spruch aufsagte. Er wurde beschenkt (→ Heischen) und mit Wasser übergossen.[48]

An einigen Orten wurden junge Ehemänner «in die Knospen getrieben». Nachdem sie sich im Wald versteckt hatten, wurden sie unter Peitschenknallen und Trommelschlagen (→ Trommel) von den ledigen Burschen gesucht. Waren sie gefunden, mussten sie einige Knospen essen, damit die erwachende Lebenskraft auch auf sie übergehen würde[49] (→ Lebensrute, → Gründonnerstag).

Der Wanderer begegnet in dieser Jahreszeit in den Dörfern oft herausgeputzten Brunnen, die samt den Quellen meist in der Nacht auf den 1. Mai (Walspurgisnacht) gereinigt und geschmückt werden.[50] Vom Georgstag an (23. April) «ist das Wasser nicht mehr giftig, denn das Gift geht in die Frösche und Schlangen», sagt der Volksmund.[51] Am 1. Mai erläuft man sich, *vor* Tagesanbruch im taunassen Gras, Gesundheit für das ganze Jahr.[52] Mit Schellen gehen im Inntal die Burschen, hemdsärmelig und mit kurzer Hose, über die Felder das «Gras ausläuten».[53] In den slavischen Ländern gilt der Tag des heiligen Georg als Frühlingsanfang,[54] man führt in kirchlichen Prozessionen den «grünen Georg» (als Fruchtbarkeitsymbol) herum und läutet ebenfalls das Gras aus.[55] Vielerorts bringen die Burschen ihrem Mädchen jetzt den ersten «Maien»-Strauss, ein Symbol des sich wieder zeigenden Lebens der Natur.

An Himmelfahrt finden – ähnlich wie bei den alten Römern (→ Floralien) – Prozessionen und Flurumzüge statt. Himmelfahrt fällt immer auf einen Donnerstag: der Donarstag war dem Thor/Donar geweiht. Besonders an diesem Himmelfahrts-Donarstag (Donar war Wettergott) fürchten sich die Bauern vor dem «offenen Himmel», das heisst vor Gewittern,[56] denn sie sagten, dass durch Christi Himmelfahrt der Himmel einen Riss erhalten habe, durch den die Unwetter entweichen können. Tatsächlich finden jetzt die ersten Gewitter statt.

Seit Ostern hat die Länge des Tages stets zugenommen, Mitte Mai dauert er bereits 15 Stunden. Dies beschreibt eine Stelle in der Rigveda, dem ältesten Werk der indischen Literatur (ca. 1250 v. Chr.). Dort wird der Kampf des Lichtes gegen die Finsternis dargestellt durch Vrita, den Verdunkelnden (ein Schlangendrache, der die Wasser des Himmels in seinem Bauch gefangen hält), welcher das Licht von der Erde weghält, bis Indra, der König der Götter (das Frühlingslicht der Sonne), gegen ihn zu Kampfe zieht und ihn mit dem Donnerkeil (erste Gewitter) erschlägt. Dadurch können die befreiten Wasser wieder zur Erde fliessen und diese befruchten.[57]

Fünfzig Tage nach Ostern feiern wir Pfingsten.[58] Im zweiten Kapitel der Apostelgeschichte lesen wir von den Feuerzungen (→ Feuer), die sich am Pfingsttag auf die Apostel niedergelassen hatten. Am gleichen Tag feiern die Juden den «Schawuot», das Wochenfest zur Erinnerung daran, dass Gott in einer Feuerwolke Moses seine Gebote offenbart hat. Auch hier treffen wir wieder Feuer an. Schawuot ist in Israel ein Erntedankfest, das Fest der Erstlingsfrüchte.[59]

In Athen feierte man im Frühjahr die grossen Dionysien. Dionysos, ein Fruchtbarkeitsgott, entspricht dem ursprünglichen Mars, der nicht seit jeher Kriegsgott war! Dem dionysischen Mysterienkult entstammt der Satz: «Der Stier hat den

Drachen gezeugt und der Drache zeugt den Stier.»[60] Damit will gesagt werden, dass das Leben (Stier) den Tod (Skorpion/ Drache) in sich trägt und umgekehrt, der Tod das Leben. Im Tierkreis liegt der Drache (Skorpion) dem Stier genau gegenüber. Die Überlieferung bringt den Skorpion, entsprechend dem Naturgeschehen in der Herbstmitte, mit Tod, Absterben und Wiedergeburt in Verbindung.

Die Römer feierten am 9., 11. und 13. Mai die «Lemurien», ein Fest, das der Versöhnung der Schadendämonen und der Totengeister diente. An diesen Tagen streiften die Lemuren (Gespenster) durch die Stadt. Um Mitternacht musste der Familienvater barfuss durchs Haus gehen und neunmal schwarze Bohnen hinter sich werfen (→ Hülsenfrüchte). Am letzten Tag vertrieb man die Lemuren mit frischen Zweigen aus dem Haus (Frühjahrsputz, → Lebensrute).

Es kann kein Zufall sein, dass die Kirche das Fest des heiligen Georg, des Drachentöters, auf den 23. April verlegt hat, das heisst in die Zeit, die dem Skorpion – dem Drachen – genau gegenüberliegt. Auch der Erzengel Michael, er ist Drachentöter und Seelenwäger, hatte seinen Festtag früher in der Stierzeit (am 8. Mai), heute wird sein Fest am 29. September (→ Waage) gefeiert. Wie Odin und Wodan reiten auch der heilige Georg und der Erzengel Michael auf weissen, hellen, lichten Rossen (→ St. Nikolaus).

Das neue Leben, das sich in der Stierzeit behauptet und ausdehnt, das wächst und sich entfaltet, kann dies nur auf Kosten des abgestorbenen Lebens tun. «Der Drache zeugt den Stier», die neue Materie ergreift den Raum und behauptet sich. Diese sanfte Ausdehnung entspricht mehr dem weiblichen Prinzip.

Z W I L L I N G E

22. Mai bis 22. Juni

In der Phase der Zwillinge beginnt die Pflanze zu blühen. Es findet ein Erwachen und «In-Erscheinung-treten» des Geschlechtes statt. Ohne Blühen gibt es keine Befruchtung, keine Frucht und kein Weiterbestehen der Pflanze.

Beim Menschen findet in dieser Phase die Geschlechtsreife statt. Eros, das Sinnbild für das Erwachen des reif gewordenen Geschlechtes, tritt ins Bewusstsein des Kindes. Auch der Einzelgänger wird jetzt gesellig. Er gibt seine Ich-Bezogenheit auf und wendet sich dem Du zu. Das Denken der Jugendlichen kreist plötzlich um das andere Geschlecht. Durch die Gefühle der Liebe kann Empfindungsreichtum und Hingabefähigkeit entwickelt und das Urgesetz der Zweiheit erfahren werden. Dadurch vermag man zu erkennen, dass das eigene Sein nicht nur aus dem Körper, sondern auch aus dem Geist besteht. Die Astrologie ordnet dem Tierkreis-*Zeichen* Zwillinge das Planetenprinzip Merkur/Hermes zu. Hermes ist der Erfinder der Schrift, die uns erlaubt zu kommunizieren; seine Funktion im Olymp ist es, Verbindung zu schaffen. Sowohl zwischen den Göttern, wie auch zwischen diesen und den Sterblichen.

Obwohl Pfingsten manchmal schon etwas früher im Jahr stattfindet, werden wir einige Pfingstbräuche hier einordnen, weil ihre Thematik in die Phase der Zwillinge gehört. Diese bezieht sich hauptsächlich auf die Verbindung von Mann und Frau, auf Fortpflanzung (→ Krebs) und Ehe.

Bei den alten Völkern fielen die Phallusfeste meistens in diese Periode, in welcher die lebensspendende Zeugungskraft der Natur sich deutlich zeigt.[61] In Indien wird die Zeit der Zwillinge dargestellt durch den *Jüngling* «Shiva»,[62] die höchste Kraft des Alls, dessen Symbol das «Lingam» (Phallus) ist,[63] und durch die Jungfrau «Bhavani», die auf einer Lyra spielt (→ Töne). Shiva wird auch androgyn, zweigeschlechtlich, dargestellt.[64] In der brahmanischen Lehre von der Entstehung des Kosmos ist der Ton der Weltenschöpfer und das gesprochene Wort die Grundkraft des Alls.[65] Auch im Johannesevangelium (1, 3) heisst es, dass alle Dinge durch das Wort geworden sind: «... ohne das Wort ist auch nicht eines geworden, das geworden ist.» Im Orient sind Töne etwas Himmlisches. Sie vertreiben Dämonen und alles Böse. Das Läuten unserer Kirchenglocken, auch der Alpsegen, der bei Abenddämmerung gesungen wird, dienen demselben Zweck. Auch das Anstossen der Gläser diente ursprünglich dazu, böse Geister aus dem Glas zu vertreiben.

Das Stern*bild* der Zwillinge wird von den Griechen mit Castor und Pollux, Söhne des Zeus und der Leda, in Verbindung gebracht (Dioskurensage). Zwar besteht hier nicht mehr die ursprüngliche Zweiheit von Mann und Frau, doch soll Leda, die von Zeus in Schwanengestalt begattet wurde, zwei Eier zur Welt gebracht haben, von denen eines den sterblichen Castor, das andere sowohl den unsterblichen Pollux, wie auch Helena enthielt. Interessant ist ferner, dass die beiden Zwillinge vom Kentauren Chiron erzogen wurden. Chiron entspricht nämlich dem Zeichen «Schütze», das dem der Zwillinge genau gegenüber liegt. Beide Zeichen sind Doppelzeichen: zwei Personen in den Zwillingen, ein Mensch-Pferd im Schützen.

Die Phase der Zwillinge wird treffend beschrieben durch Aischylos' (um 500 v. Chr.) Worte in den Danaiden: «Des hehren Himmels Sehnsucht ist, der Erde (sich) zu nahen, und Sehnsucht fühlt die Erde, ihm vermählt zu sein. Wenn dann vom himmlischen Gemahl der Regen (Fruchtbarkeit) fällt, so wird die Erde schwanger und gebiert das Gras den Herden und Demeters Frucht (Korn) den Sterblichen; der Bäume Obst kommt durch Vermählung mit dem Nass zur Reife».[66]

In diesem Jahresabschnitt sind die Bauern besonders stark vom Wetter abhängig und vielerorts werden jetzt Flurumgänge (→ Floralien) und Bittgänge für gutes Wetter abgehalten.[67] Nach jüdischem Glauben wird am Schawuot (Pfingsten) über das Wachstum der Baumfrüchte entschieden (vgl. die Bedeutung des gegenwärtigen Wetters für die Ernte). Zum Schawuot wird der erste Weizen nach Jerusalem in den Tempel gebracht und dort geopfert.[68]

Auffallend ist die schon erwähnte Entsprechung, dass Moses Gott in einer Feuerwolke sah, als er am fünfzigsten Tage nach dem Auszug aus Ägypten die Zehn Gebote in Empfang nahm. Auch am Pfingstfest sind die Apostel durch die «Feuerzungen des Heiligen Geistes» befruchtet worden.[69] Beide göttlichen Manifestationen waren mit Feuer verbunden. Merkur/Hermes, der Mittler zwischen Himmel und Erde wird der Zwillings-Phase zugeordnet. Der Götterbote Hermes hat auch die Lyra erfunden, auf der himmlische Töne erzeugt werden (→ Bhavani, → Ton und Wort).

Im Mittelalter wurde in diesem Zeitabschnitt die «Schwertwache» abgehalten. Die jungen Männer wurden dabei nicht nur in den Gebrauch des Schwertes, sondern auch in die Mysterien und Gesetze der Zeugung und des Lebens eingeweiht.[70]

Nach dem Glauben der Germanen fand um diese Zeit die Hochzeit zwischen dem Gott Wodan/Odin und seiner Gattin Freyja statt.[71] Bis zum heutigen Tag werden Maifeiern veranstaltet, bei denen sowohl der «Maibaum», wie auch «Maikönig» und «Maikönigin» eine Rolle spielen. An manchen Orten finden wir anstelle der Mai*königin* (Freyja) eine Mai*gräfin,* eine Mai*braut* oder ähnliche Figuren (z. B. Walpurga). Diese Bräuche sind nicht nur im deutschen Sprachraum üblich, sondern auch in Frankreich, England, Italien und Portugal.[72] Wo die Mai*frau* allein auftritt, können wir sie mit Flora/Venus in Verbindung bringen und den Brauch der Stierphase zuordnen. Wo eine Mai*braut* erscheint, oder wo eine Mai*königin* in Verbindung mit einem Mai*könig* auftritt, wo also ein *Paar* vorhanden ist oder angedeutet wird, gehört das Brauchtum in die Phase der Zwillinge.

In Thüringen (Langensalza) wurde mit dem Laubmann, «Pfingstkarr» genannt, folgender Brauch verbunden: Die Burschen setzten die Mädchen in einen Karren und liefen damit um die Wette zum Maibaum.[73] An einigen Orten fanden «Mailehen» statt, «Versteigerungen» der Mädchen an die Burschen. Die beiden mussten in der Regel ein Jahr zusammenbleiben, was oft zur Ehe führte.[74] In den sogenannten «Mailagern» fanden in alter Zeit auch «Brautläufe» statt.[75] Dieses Wort bezeichnete ursprünglich den Zug der Brautleute ins eigene Heim. Sicher hat bei diesen verschiedenen Bräuchen auch die Absicht mitgespielt, die Dorfgemeinschaft zu erhalten, interessanterweise finden sie eben zu jenem Zeitpunkt statt, an dem die gesamte Natur ihre Fruchtbarkeit üppig zur Schau stellt. Beim «Pfingstumziehen» spannten die Burschen einige Mädchen vor einen Pflug. Führte der Weg nicht durch einen Bach, so wurden die Mädchen mit Wasser (Fruchtbarkeit) übergossen[76] (→ Wasservogel, → Osterbräuche). Auch «Mädchentänze» fanden zu dieser Jahreszeit statt, bei denen die Mädchen mit einem Stock eine Strohpuppe durchstachen, «den Alten» (Winter), und sie während des Tanzes zerrissen.[77] Dass nur die Mädchen den Alten durchstechen und ihn zerreissen, mag auch einen sexuellen Hintergrund haben.

Vor allem in dieser Jahreszeit wurde auch das Kranz- oder Ringelstechen veranstaltet. Im Vorbeireiten mussten die Teilnehmer versuchen, einen aufgehängten Kranz mit einem

Holzstecken (manchmal mit einem Säbel) aufzuspiessen. Das Schiessen spielte zur Pfingstzeit ebenfalls eine wichtige Rolle. Auffallend oft fanden Schützenfeste an diesem Termin statt.[78] Ringelstechen und Schiessen besitzen sexuellen Charakter.

In dieser Hinsicht ist der Maibaum das wohl deutlichste Symbol.[79] Er ist in unseren Gegenden seit dem 13. Jahrhundert bezeugt.[80] Aus dem Jahr 1637 ist eine oberpfälzische Polizeiverordnung bekannt, die ihn als «unflätig und unchristlich Ding» abzuschaffen versuchte.[81] An den meisten Orten dürfen ihn nur die Junggesellen herrichten und aufstellen.[82] Sie fällen im Wald eine Fichte (→ Adonis) und schälen sie, bis auf die Spitze. Gleichzeitig flechten im Dorf die heiratsfähigen Mädchen einen Kranz, den sie mit Blumen schmücken. Der Stamm wird ins Dorf gebracht und der Kranz unterhalb des Wipfels befestigt; anschliessend wird der Stamm aufgerichtet und umtanzt. Der grüne Wipfel symbolisiert das aus der geschlechtlichen Vereinigung entstehende neue Leben.

In einigen Gebirgsorten Österreichs ist noch heute das «Blochziehen» bekannt. Ein «Bloch» ist ein roh behauener Baumstamm (→ Julblock, → Bûche de Noël). Beim Blochziehen wird am dünneren Ende eines geschälten Baumstamms eine eiserne (Eisen gehört zu Mars und Thor/Donar) Kette befestigt, durch die Kettenglieder werden Querhölzer gesteckt und so ziehen die Burschen den Stamm ins Dorf. Das Blochziehen findet zwar zuweilen bereits Ende Februar statt, wenn noch Schnee liegt. Es könnte vom Symbolgehalt her aber auch eine Verbindung zum Maibaum besitzen, denn es wird nur dann durchgeführt, wenn im vergangenen Jahr im Dorf keine Hochzeit stattgefunden hat.[83]

Das in der Widder-phase entstandene Leben trägt die Möglichkeit der Fortpflanzung als Anlage in sich. Sie bildet sich in der Zwillingszeit aus, wird sichtbar und feierlich begrüsst.

K R E B S

22. Juni bis 23. Juli

Die Krebs-Phase ist die Zeit der Befruchtung. Seit der Wintersonnenwende, am 21. Dezember, ist die Sonne in unseren nördlichen Breiten jeden Tag höher gestiegen. Am 22. Juni hält sie damit ein und steht von jetzt an jeden Tag etwas weniger hoch am Himmel; sie beginnt zum «Ausgangspunkt» (Wintersonnenwende, anfangs Steinbock) zurückzukehren. So wird sie zum «Krebs», der vorwärtsschreitet im Jahres*ablauf* und doch zurückgeht, im Jahres*kreislauf* und auch in der Höhe des Mittagsstandes.

Der Sinn des Blühens in der Zwillingezeit liegt darin, die Zweiheit zu erkennen, um sie anschliessend aufzugeben, damit die Art weiterleben kann. Die Verbindung zur Einheit, also der Befruchtungsvorgang, findet im Zeichen des Krebses statt. Die Befruchtung richtet sich nicht nach aussen, sondern nach innen. Dieses «Nach-Innen-Gehen» ist nur scheinbar rückläufig, in unserer Wirklichkeit entsteht dadurch neues Leben. Astrologisch wird dem Tierkreis-*Zeichen* Krebs der Mond zugeordnet, und zwar als Ursymbol der Psyche (Seele), des Unbewussten, des Urschosses, der Mutter-Kind-Beziehung und der Rückbindung zum Ursprung, zu den Wurzeln.

Auf die Ich-Befangenheit der Widder-Phase, auf die Beschäftigung mit der stofflichen Welt in der Stier-Phase, auf die Zeit der Pubertät und des Lernens in der Phase der Zwillinge, folgt in der Krebs-Phase für den Menschen die Zeit der Verpflichtungen gegenüber der Gemeinschaft. Beim Mann fällt zum Beispiel der Militärdienst in diesen Lebensabschnitt. Die Geschlechtsreife führt zur Zeugung, zur Ehe, zur Gründung einer Familie: aus zwei wird eins. Das Aufgeben der eigenen Persönlichkeit überwindet den Tod. Der Grundstein zu einem neuen Körper wird gelegt. Wenn in der Phase der Zwillinge das Urgesetz der Zweiheit erkannt worden ist, so wird in der Krebs-Phase die Zweipoligkeit Körper-Geist verständlich. Wenn diese Zweipoligkeit übersehen wird, so verstärkt sich die Bindung an Besitz und, als Folge von Egozentrik, ein falscher Ehrgeiz. In diesem Falle bleibt der Mensch Gefangener seiner unbewussten Wesensanteile und kann sich nicht wirklich darüber erheben.

Auf den Beginn der Krebs-Phase hat die christliche Kirche das Fest Johannes des Täufers verlegt (24. Juni), denn dieser sagt, auf Jesus bezogen: «Er muss wachsen, ich dagegen abnehmen».[84] Diese Aussage passt auch auf das gegenwärtige kosmische Geschehen: Zur Sommersonnenwende hat die Sonne ihren höchsten Stand erreicht und steigt von nun an jeden Tag etwas weniger hoch am Himmel auf, anders ausgedrückt, sie nimmt ab. *Nach* der Wintersonnenwende geschieht das Entgegengesetzte, von Tag zu Tag steht sie etwas länger und höher am Himmel.

Dieser «Wendepunkt» im Jahresablauf, an dem deutlich sichtbar wird, wie die Erde ins kosmische Geschehen einbezogen ist, nimmt im Volksglauben seit jeher eine ganz bedeutsame Stellung ein. Am Sonnenwendtag (22. Juni) werden überall «Sonnenwendfeuer» entfacht. Diese «Johannisfeuer» (nach dem Johannistag so benannt) sind in Deutschland seit dem 12. Jahrhundert nachweisbar,[85] es gibt sie aber auch in Frankreich, Portugal, Griechenland, Irland und Norwegen, bei den Slaven und den Arabern.[86] Oft werden sie nicht in der Nacht, sondern um zwölf Uhr mittags angezündet.[87]

In der Schweiz wurden am 1. August (Nationalfeiertag) ursprünglich Sonnenwendfeuer entzündet, später waren es Johannisfeuer und heute facht man «Vaterlandsfeuer» an.[88] In den Bergen werden vielerorts brennende Räder zu Tal gerollt oder Holzscheiben (→ Sonnenkuchen) durch die Luft geschleudert; der Zusammenhang zwischen Sonne und Feuerrad ist klar erkennbar.

In Nieder-Konz, einem Dorf an einem Abhang im Moseltal, wurde im ganzen Dorf Stroh gesammelt (→ Heischen) und auf dem steilen Stromberg aufgeschichtet. Bei Einbruch der Nacht begaben sich die Männer auf die Spitze des Berges, während die Frauen und Mädchen bei einer Quelle, auf halbem Weg, warten mussten. Ein mit Stroh umwickeltes Rad wurde angezündet und von zwei kräftigen, schnellfüssigen Burschen mit Hilfe eines Stockes, der als Achse diente, den Hang hinuntergerollt. Ihr Ziel war es, das Rad brennend in die Mosel zu stürzen, was aber nur selten gelang. Wenn es noch brennend in den Fluss rollte, so war dies ein Zeichen für eine gute Weinernte, und die Bewohner von Konz hatten dann Anrecht auf eine Wagenladung Weisswein aus den Rebbergen der Umgebung.[89]

In den schwedischen Provinzen Bohus und Scania wird der Johannistag durch häufige Schüsse und riesige Feuer gefeiert, die früher «Balders Balar» (Baldurs Scheiterhaufen) hiessen. (Baldur ist ein Sohn von Odin und entspricht der Sonne.) Das Brennholz bestand aus neun verschiedenen Holzarten und die Zuschauer warfen einen «Bäran» (Giftpilz, Räucherung) in die Flammen, um die Macht der Trolle und anderer böser Geister zunichte zu machen. Interessanterweise ist die Johannisnacht auch in Schweden nicht nur ein Fest des Feuers, sondern auch des Wassers (→ Ostern). Gewisse heilige Brunnen sollen dann mit wunderbaren Heilkräften ausgestattet sein und viele Kranke gehen dorthin, um ihre Leiden zu heilen.[90]

Im Sudetenland wurden einst am Johannistag alle häuslichen Feuer gelöscht, selbst das des Schmiedes, das aus verständlichen Gründen nie ausgehen durfte.[95] Mit einem brennenden Span vom Johannisfeuer wurde dann zu Hause ein neues Feuer entzündet. In Grossbritannien heissen die

Johannisfeuer noch heute «bonfire» (Knochenfeuer), was darauf schliessen lässt, dass in diesen Feuern ursprünglich Tieropfer dargebracht wurden.[92] Mancherorts musste das Feuer einen starken Rauch entwickeln, damit die Luft von bösen Geistern freibleibe.

Feuer- und Rauchzeremonien werden in allen Kulturen immer wegen ihrer reinigenden und geistervertreibenden Kraft abgehalten (Weihrauch, Räucherstäbchen, → Glokken), oft wird auch das gegensätzliche Element Wasser in die Riten miteinbezogen; manchmal im Zusammenhang mit Einweihungs- oder Wiedergeburtszeremonien. Sogar im *Popol Vuh,* dem heiligen Buch der Mayas, sterben die beiden Maisgötter im Feuer – und aus der in einen Fluss geworfenen Asche erstehen sie zu neuem Leben, wodurch sie zur neuen Sonne (Feuer) und zum neuen Mond (Wasser) werden.

In der Steiermark wurde beim Überspringen des Johannisfeuers dem Wunsch nach einer baldigen Heirat mit folgendem Vers Ausdruck gegeben: «Sunnewend, Sunnewend; dass mich nit 's Feuer brennt; dass i bald z'heirate kumm; drum tanz' i um!»[93] Im Sudetenland glaubte man, dass jenem Mädchen, welches neun Sonnenwendfeuer auf den umliegenden Anhöhen zählen konnte, der Heiratswunsch in Erfüllung gehen würde.[94] In Clausthal und Zellerfeld feierte man den Johannistag zwar ohne Feuer, dafür aber waren die Häuser der dort ansässigen Bergarbeiter mit dem «Johannisbaum» geschmückt, einer Fichte (→ Attis), die mit rotbemalten Eiern und mit Blumen behängt war. Unter dem Johannisbaum durfte der Bursche sein Mädchen küssen.[95] Interessanterweise finden wir zur Zeit der Wintersonnenwende sowohl den Brauch einen (Weihnachts-)Baum aufzustellen, wie den, sich unter einem Mistelzweig zu küssen.

Noch um die Jahrhundertwende wurde in Lettland in

einem Hymnus der Lichtgott Lihgo angerufen: «Junge Gäste, alte Gäste, schlaft nicht in der Nacht des Jahnis (Johannis). Lihgo! Lihgo! Wollt ihr in der Frühe sehen, wie drei Sonnen auferstehen, Lihgo! Lihgo!» Bei der damit verbundenen Zeremonie wurde auch eine mit Kränzen behangene Kuh herumgeführt, die auf jeder Hornspitze ein brennendes Licht trug.[96] Möglicherweise ist die bekränzte Kuh ein Überbleibsel vorchristlicher Opferbräuche (→ Bonefire). Im schweizerischen Kanton Neuenburg werden am Johannistag die Kühe ebenfalls bekränzt. Im bündnerischen Fuldera durfte die Dorfjugend am Abend des Johannistages alle Ziegen melken und über die Milch verfügen[97] (→ Heischen).

Im Jahre 1333 schrieb Petrarca, der italienische Dichter und Gelehrte aus Köln, dass am Johannistag «viele schön geschmückte Frauen die weissen Hände in die Fluten hielten und in unverständlicher Rede Formeln sprachen, um alles Unglück für das kommende Jahr abzuwaschen».[98] Nicht nur in der Schweiz und in Deutschland, auch in Norwegen und Italien (Bologna) gibt es den Brauch, in der Johannisnacht zu baden.[99] Ein Bad am Sonnenwendtag habe die neunfache Heilkraft, weiss der Volksmund zu berichten. «Johanniswasser» sei überhaupt gut gegen alle erdenklichen Übel und Krankheiten (→ Osterwasser). In Reichenbach (Sachsen) wurde am Johannistag der Maibaum, zusammen mit einem Tänzer ins Wasser geworfen.[100] Bekanntlich werden die Buchdruckerlehrlinge auch heute noch «gegautscht», traditionellerweise am Johannistag.[101]

Nicht nur dem Feuer, sondern auch dem Wasser kommt am Johannistag, also in der Krebszeit, eine grosse Bedeutung zu. So ist der 4. Juli der Festtag des heiligen Ulrich, der als Bischof von Augsburg anno 955 die Stadt vor den einfallenden Ungarn verteidigt hatte. Nach altem Volksglauben versiegen die ihm geweihten Brunnen auch im heissesten Sommer nie.[102] Am Montag nach dem Peterstag (29. Juni) würden die Würmer ins Wasser gehen, sagen die Bauern.[103] St. Petrus trägt den Beinamen «Wolfspatron», er wurde früher in Petersbrunnen und Petersfeuern verehrt.[104] Der Beiname Wolfspatron scheint mit dem nordischen Gott Odin (germanisch Wodan) zusammenzuhängen, denn dieser besass anstelle von Hunden zwei Wölfe. Ein weiterer Hinweis auf einen solchen Zusammenhang ist ein Brauch, der am Fest von Peter und Paul (29. Juni) in Düdingen (Deutschland) gepflegt wurde. Dort wurde eine Kiste mit Hühnern und Hähnen[105] (→ Hahn) vor die Kirche gebracht und die Kirchgänger «liehen» sich ein Tier aus, mit dem sie in der Kirche vor der Statue des heiligen Petrus beten gingen und ein Geldopfer darbrachten. Beim Zurückgehen des Huhnes wurde eine «Miete» entrichtet, wonach man einen Schluck Wein zu trinken bekam.[106] Es scheint, als ob dieser Brauch mit Tieropfern zusammenhängt, die einst den alten Göttern dargebracht wurden.

Petrus ist vielerorts an die Stelle von Thor/Donar getreten. Thor besass als Attribut einen eisernen Hammer, den Mjölnir, Petrus einen eisernen Schlüssel. Früher war Thor/Donar Gewittergott und Wettermacher, heute ist es Petrus. Auffallend viele Peterskirchen sind auf alleinstehenden Bergen erbaut worden, sie haben oft den Platz einer heidnischen Kultstätte eingenommen.[107]

In Deutschland pflegte man am Johannistag Festküchlein aus Holunderblüten zu backen,[108] und im Egerland ass man am Mittsommertag «Hulastäuble», in Schmalz gebackene Holunderblüten.[109] In früheren Zeiten nämlich galt der Holunderstrauch als heilig; man durfte ihn nicht umhauen, das Verbrennen von Holunderholz brachte Unglück.[110] Diesen Glauben hat die katholische Kirche umgedeutet, indem sie angab, dass die heilige Emerita in Disentis auf Holunderholz verbrannt worden sei. Noch zu Beginn unseres Jahrhunderts mass der Tischler auf dem Land die Länge des Toten mit einem Holunderzweig, und wer an einem Holunderbusch vorbeiging, zog scheu den Hut zum Gruss. Diese Bräuche zeigen, dass der Holunder nicht – wie oft angenommen – der Freyja (sie entspricht eher der Venus/Flora) sondern vielmehr der «Hel» heilig war. Hel ist die nordische Göttin der Unterwelt. Im Mittelpunkt ihres Reiches befindet sich der Brunnen «Hwergelmir» (Krebs ist der Urschoss des Lebens). Die Schilderungen von Helheim, dem Totenreich, haben unsere Vorstellungen von der Hölle sehr beeinflusst. Hel ist auch ein Aspekt der Frau Holle, zu der man durch einen Brunnen gelangt. Brunnen und Höhlen sind im Volksglauben immer Eingänge zur Unterwelt.

Am Fest des heiligen Kilian (8. Juli) kroch man durch eine Höhlung ins Kiliansgram hinunter, um sich *im Erdinnern* Gesundheit und ein langes Leben zu erbitten.[111] Am Fest der Heiligen Placidus und Sigisbert (11. Juli) steckten in Disentis (Graubünden) die Leute ihren Kopf in einen Schacht unter dem Altar, der zu jener Stelle führte, an der die beiden Märtyrer enthauptet worden waren.[112] Das «Durchziehen» oder «Durchkriechen» ist ein alter heidnischer Brauch, der sich bis heute erhalten hat. In der St.-Wolfgangs-Kapelle in Falkenstein (Oberösterreich) kriechen Schwangere durch ein Loch in einem Stein, damit sie eine leichte Geburt haben sollen (Analogiezauber). In der Wolfgangskapelle in Altenmarkt in Bayern befindet sich vor dem Hochaltar ein Erosionsloch. Dorthin – also zur Öffnung der «Erdmutter» – pilgern Frauen und beten um Kindersegen.[113]

In Irland und in Ostthüringen wurde der Johannistag zum

Totengedenktag. Man besuchte die Gräber und schmückte sie.[114] Das Rheinland kennt den Spruch: «St. Johan will vierzehn Tote han, sieben zu Wasser und sieben zu Land»,[115] und die Schweiz: «Der Täufer muss haben einen Läufer, muss haben einen Schwimmer, muss haben einen Klimmer (Kletterer)».[116] Diese letzteren Bräuche und Volksweisheiten beruhen wahrscheinlich auf der Umdeutung der Tatsache, dass von nun an der Tag wieder kürzer wird. In den jetzt wieder länger werdenden Nächten können die Dämonen und Geister der Unterwelt wieder leichter an die Oberwelt gelangen.

In England stellte noch um die Jahrhundertwende der Hauswirt, der im vergangenen Jahr die Wohnung gewechselt hatte, am Mittsommerabend Brot, Käse und Bier vor die Haustür. Jeder Vorbeigehende durfte sich nach Belieben bedienen.[117] Auch dieser Brauch scheint mit den Haus- oder Ahnengeistern in Zusammenhang zu stehen. In der Vorstellung vieler Völker haben die Hausgeister ihren Wohnsitz unter der Schwelle (oder im Herd → Vestalinnen) des Hauses.[118] Wenn der frischvermählte Ehemann seine Frau über die Schwelle trägt, wenn diese z. B. Honig auf die Schwelle stellen, oder wenn die Verwandten Münzen drauflegen müssen, so sollen dadurch ebenfalls die Hausgeister überlistet oder besänftigt werden.

In der Krebszeit findet die Fortpflanzung statt. Wohl geschieht sie körperlich-materiell, doch ist ihr grundlegendes Gesetz ebensosehr geistiger Natur. Sie zeigt sich uns in erster Linie als «Wachsen in und auf der mütterlichen Erde», doch ist auch der «väterliche Himmel» mit Sonne und Regen (Feuer und Wasser) daran beteiligt. Art und Umgebung üben einen bestimmenden Einfluss auf das neu gezeugte Leben aus.

LÖWE

23. Juli bis 24. August

In der Löwe-Phase sind Pflanze, Tier und Mensch «mit Feuer geladen». Die Speicherung der vorangegangenen Sonnenbestrahlung macht diese Zeit zur heissesten des Jahres, obwohl die Sonne nun schon wieder etwas weniger lang scheint. Bei der Pflanze hat die Befruchtung stattgefunden, und in ihrem Fruchtknoten beginnt das Keimen. Es ist nicht mehr eine Zeit der «Selbstdurchsetzung» wie im ersten Feuerzeichen Widder, sondern eine Zeit der Selbstbehauptung. Die Pflanze steht in vollem Saft – und aus dieser Fülle zieht das neue Leben seine Energien. Die Mutterpflanze führt diese jetzt langsam den Samen zu und verwendet sie nicht mehr für den eigenen Aufbau. Dadurch werden die Blätter ledrig, das Gras trocken, die Getreidehalme gelb.

Die Löwe-Phase ist für den Menschen die Zeit der Daseinsstärke, der Selbstmanifestation. Blut, Drüsen und Geschlecht entfalten jetzt ihre grösste Wirksamkeit. Der Mensch fühlt in sich eine unerschöpfliche Lebenslust und Schaffenskraft; er glaubt sich befähigt, all seine Ideen verwirklichen zu können. Es drängt ihn dazu, im Geschäftsleben, in der Politik oder in seiner Familie die Führung zu übernehmen. Ohne Wissen um seine Zweipoligkeit Körper-Geist, bleibt er unter Umständen Gefangener seiner Leidenschaften und Wünsche und wird aus seinem Tun nur beschränkte Befriedigung schöpfen können.

Die Löwezeit hiess früher «Ernting», Ernte- oder Ährenmonat. Es ist die heisseste Zeit des Jahres. Die Bauern sind auf dem Feld beschäftigt; die Sonne geht etwas später auf und etwas früher unter als in den vorangegangenen Wochen.

Bei den Römern war der Löwemonat dem Jupiter geweiht, dessen ursprünglicher Name «Dies-piter» (Lichtvater) war. Mit Latona, der Göttin des Himmeldunkels, hatte er Apollo, den Gott des Lichtes, den Sonnengott, gezeugt.

Jupiter hatte nebst vielen anderen auch den Beinamen «Calvus», «der Kahlköpfige».[119] Die abnehmenden Sonnenstrahlen wurden mit den abnehmenden Haaren des Gottes in Beziehung gebracht. Einen ähnlichen Bezug finden wir in der Legende von Simson und Delila: Nach Delilas drittem Versuch, Simson seiner Kraft zu berauben, offenbarte er ihr «mit seinem ganzen Herzen», dass seine Kraft in seinen Haaren liege. Delila scherte ihm diese als er schlief, und so konnten die Philister ihn ergreifen und ihm die Augen ausstechen.[120] Nach astrologischer Überlieferung entspricht der Löwe der Sonne, ihm unterstehen die Augen und das Herz.

Die katholische Kirche hat das Fest des heiligen Christophorus (Christusträger) auf den 25. Juli gelegt. Christus ist das Licht der Welt und entspricht somit der Sonne.

Die Zeit der Ernte wird nach Wetter und Erfahrung, nicht nach dem Kalender festgesetzt. Beim Mähen kommt den letzten Halmen, bzw. der letzten Garbe, eine besondere Bedeutung zu. Oft werden die letzten Halme «für Gottvaters Schimmel» stehen gelassen.[121] Diese Vorstellung wurzelt in der Mythologie: Der germanische Gott Wodan ritt auf einem Schimmel, und der ihm entsprechende nordische Gott Odin besass ein achtfüssiges graues Pferd, den Sleipnir (→ St. Nikolaus, → St. Georg).

Noch um 1825 war bei den Rodenberger «Ackerbürgern» (die Stadtbürger mit eigener Landwirtschaft wurden so genannt) der «Waultanz» oder «Waulsang» üblich (Waul= Wodan). Beim Mähen liessen sie etwa einen Quadratmeter Hafer unberührt stehen und trieben in der Mitte dieser Fläche eine Stange in den Boden. An ihr wurde ein Strohmann befestigt und mit alten Hufeisen (→ Sleipnir) behängt. Dieser «Waut» oder «Waul» wurde mit einer Kanne Bier übergossen. Dann begannen die Schnitterinnen einen Reigen um den

Waul zu tanzen, zu dem die Mäher auf ihren Sensen den Takt schlugen.[122] In Mecklenburg hiess das Erntefest «Wodelbier» (Wodans-Bier), in Niedersachsen «Vergoodendeel», was heute mit «Für Gott einen Teil» übersetzt wird.[123] Diese Erklärung klingt etwas unglaubwürdig, denn in der Gegend von Hannover umtanzten die Schnitter und Schnitterinnen die letzte Garbe und riefen dabei: «Fru Gode, Fru Gode, halet ju Fauer! (Frau Gode holt euer Futter!).»[124] Es scheint, dass es sich beim «Vergoodendeel» ursprünglich um «Frau Godes Teil» gehandelt hat. «Gode» war auch die Bezeichnung für die Tempelpriester im alten Island.

Wir begegnen vielerorts nicht nur dem «Alten», in welchem wir an den mit ihm verbundenen Bräuchen Wodan erkennen, sondern oft auch der «Wilden Frau», dem «Roggenweib» oder der «Kornmutter» (Bezeichnung für → Ceres/ Demeter). In England wurde aus Stroh die «corn maiden» (Kornmädchen) oder die «old woman» (alte Frau) gefertigt. Beim Einbringen der Ernte sass an manchen Orten entweder ein Kind mit einem roten Blumenstrauss, oder eine Frau in rotes Sacktuch gekleidet auf dem letzten Fuder.[125]

Die rote Farbe hat bei fast allen Völkern und in fast allen Kulturen eine Beziehung zum Magischen, Übernatürlichen und zur Unterwelt. Sie ist oft für Dämonen und Geister charakteristisch, daher wohl auch die Scheu vor rothaarigen Menschen. Frau Holle wird manchmal als «rotes Mütterchen» bezeichnet und die grünäugige, japanische Hexe Yamauba, eine «wilde Frau» oder «Waldfrau», hat einen roten Körper.[126] Die Chinesen flochten sich früher rote Fäden in die Zöpfe, um schädliche Einflüsse fernzuhalten, und in Europa sagte man im Mittelalter einem Talisman in roter Schrift die doppelte Macht nach.[127] Odin/Wodan wurde oft als «wilder Jäger» mit rotem Bart dargestellt.[128]

Auf den 15. August, also gegen Ende der Löwe-Phase hat die Kirche das Fest Mariä Himmelfahrt angesetzt. Wir können annehmen, dass die germanischen Erntefeste in diese Periode fielen. Die Zeit vom 15. August bis zu Mariä Geburtstag (8. September), einschliesslich der dazugehörigen Oktav, nennt man die «Frauendreissiger». Diese Bezeichnung geht auf eine dreissigtägige Fastenzeit zurück, die als Toten- und Fruchtbarkeitsopfer zum germanischen Erntefest gehörte.[129]

Die alten Römer feierten am 23. Juli die Neptunalien, ein Fest für den Gott Neptunus. Bis ins dritte nachchristliche Jahrhundert wurden dazu Laubhütten gebaut. Neptunus war ursprünglich ein Gott des Süsswassers[130] und hat sich erst im Laufe der Zeit mit dem griechischen Meeresgott Poseidon vermischt.[131]

Wenn in diesem Jahresabschnitt fast keine Bräuche anzutreffen sind, so liegt der Grund dafür sicher darin, dass der früher von Hand betriebene Ackerbau die Landbevölkerung – die seit jeher stärker als die Städter mit dem jahreszeitlichen Ablauf verbunden ist – zeitlich sehr in Anspruch nahm.

Die Phase des Löwen ist die Zeit der Hitze, der vollen Energie, der Kraft und des Überflusses. Alles reift aus und bald kann geerntet werden.

J U N G F R A U

24. August bis 24. September

In der Jungfrau-Phase wirkt sich die Hitze der Löwezeit aus, allmählich wird alles dürr und trocken. In der Pflanze findet eine Verminderung des Saftes und somit eine Verminderung der Kraft statt. Sie wendet sich nun wieder den Naturelementen zu und formt sie zu Lebensenergien um. Allerdings tut sie dies nun nicht mehr, um sie selber aufzunehmen – wie im ersten Erdzeichen Stier –, sondern um damit ihre Früchte und Samen vollständig auszubilden.

Was sich bei der Pflanze als Flüssigkeitsverlust zeigt, stellt sich beim Menschen als Krafteinbusse dar. Auch bei ihm nehmen die Lebenskräfte ab. Dadurch reduziert sich die Zeugungsfähigkeit, das Blut pulsiert langsamer und die in ihm angesammelten Unreinheiten lagern sich ab. In diesem Lebensabschnitt ist eine sorgfältige Kontrolle und Pflege des Körpers angebracht, um ihn auf die zweite, absteigende Lebenshälfte vorzubereiten. Im sich vollendenden zweiten Lebensviertel wurden die Energien nicht mehr hauptsächlich für den Ausbau des Körpers benötigt, sondern vor allem zu dessen Erhaltung. Da kein zusätzliches Wachstum mehr stattfindet, sondern Bestehendes sich reduziert, wollen Unreinheiten durch entsprechende Ernährung beseitigt werden. Wenn in dieser Phase nicht darauf geachtet wird, so schwächt dies nicht nur die geistigen Fähigkeiten, sondern auch die Gesundheit.

Einen Hinweis auf ein germanisches Erntefest sind die «Frauendreissiger» (→ Löwe) und der vor wenigen Jahrzehnten noch lebendige Brauch, während der ganzen Erntezeit neue oder zumindest besonders schöne Kleidung zu tragen.[133] An Mariä Himmelfahrt (15. August) werden in der Kirche Kräuter geweiht, daher stammt auch die Bezeichnung «Wurzweihtag». Je nach Gegend werden sieben, neun, zwölf oder mehr verschiedene, meist genau vorgeschriebene Pflanzen zu einem Kräuterbusch gebunden.[134] In Tannheim im Kreis Donaueschingen wurden die geweihten Pflanzen in einer Pfanne auf glühende Kohlen gestellt, und zum Schutz vor bösen Geistern wurden damit alle Räume des Hauses ausgeräuchert.[135] Tannen- oder Wacholderbüschel (→ immergrüne Pflanzen) werden beim Alm-Abtrieb den Kühen auf die Hörner gesteckt,[136] und die Sennen glauben, dass nun die Almgeister in die verlassenen Alphütten einziehen.[137]

Vom Wacholder (→ Holunder) erzählt der Dichter Martin Montanus (* 1537 in Strassburg), dass die Bauern des Unterrheins sich scheuten, ihn zu fällen. Noch im letzten Jahrhundert drehten die Drechsler Becher aus Wacholderholz, weil man glaubte, mit ihrer Hilfe erkennen zu können, ob der eingeschenkte Trunk vergiftet sei. Die Kutscher schnitzten den Stiel ihrer Peitschen aus Wacholderholz und behaupteten, dass dadurch das Verhexen ihrer Pferde verhindert werde. In Westpreussen streute man an hohen Feiertagen Wacholder auf die Diele und räucherte damit die Stuben aus, um die Hexen zu vertreiben.[138]

Nach dem Volksglauben verlieren in dieser Zeit «die Gifte ihre Schärfe» und «auf Tier und Pflanze ruht dreifacher Segen».[139] Am Bartholomäustag (24. August) würden die Fische aufhören, der Länge nach zu wachsen und nur mehr in der Dicke zusetzen, sagen die Fischer[140] (→ Pflanzenwachstum). Dem Bartholomäus geweihte Kapellen sind oft mit Schimmelsagen (Wodan, Odin) verknüpft und nach altem Volksglauben sollen in der Bartholomäusnacht geheimnisvolle Reiter umgehen.[141]

Von den Feldern werden jetzt die letzten Fuhren Korn eingefahren. In der Gegend von Marburg hängten die Bauern daraufhin einen hölzernen Hahn an die Scheune. Dieser ist, wegen seines Krähens bei Tagesanbruch, ein Symbol der Wachsamkeit. Auf Kirchtürmen, wo er in der bald aufgehenden Sonne glänzt, finden wir ihn seit dem 9. Jahrhundert (→ Hahn). In Böhmen wurde ein Mädchen zur «Hahnenbraut» erkoren, in Baden der «Hahnentanz» aufgeführt, bei dem ein Hahn als Preis ausgesetzt war.[142] Seit jeher ist auch der Hahn ein häufig geopfertes Tier gewesen.

Der Lambertustag (17. September) war der Schlusstermin für die Ernte.[143] Die letzte Garbe des am spätesten reifenden Hafers wird oft diesem Heiligen geweiht. Die Magd, die sie band, wird in Haferstroh gewickelt, auf den Hof geführt und während des gemeinsamen Tanzes von ihrer stachligen Hülle befreit.[144]

In dieser Jahreszeit beginnen mancherorts bereits die Kirchweihfeste, die Jahrmärkte, die Fischer- und Hirtenfeste (→ Waage). Auch Pilgerfahrten, Umzüge und Spiele werden abgehalten, manchmal werden die Familiengräber besucht.[145] Wahrscheinlich liegen wir richtig, wenn wir annehmen, dass sich diese Anlässe sowohl aus alten Erntedankfesten, wie auch aus dem germanischen «Thing» («Ding» → Waage) herausgebildet haben.

An vielen Orten des Frankenlandes ist Kirchweih das lauteste Fest des Jahres. Meist wird es mehrere Tage lang ausgiebig gefeiert, mit Tanz, reichlichem Essen und Trinken.[146] In Heidelberg fand am Sonntag nach Vitus, einem dortigen Kirchenpatron, die «Handschuhheimer Kirchweih» statt. Bei einem Umzug wurde unter anderem auch ein mit Blumen geschmückter Hammel, also ein ehemaliges Opfertier, mitgeführt. Dann wurde zuerst unter dem Lindenbaum (→ Weltenbaum) eine Rede gehalten. Dabei sprach man früher über den Dorfbrunnen (→ Brunnen), den Lindenbaum, Frau Holle und ähnliches; heute über Ereignisse im

Dorf. Anschliessend wurde um die Linde herumgetanzt, dazu reichte man sich einen Blumenstrauss. Auf dem Baum war ein Gewehr befestigt, zu dem eine lange Zündschnur führte. Dasjenige Paar, welches den Blumenstrauss in Händen hielt wenn der Schuss losging, erhielt den gestifteten Hammel.[147] Ebenfalls einen Hammel erhält in Crailsheim (Württemberg) jenes Paar, welches mit dem herumgereichten Säbel tanzt, wenn die in eine Kerze eingeschmolzene Münze herunterfällt.[148]

Dass unter dem Lindenbaum sowohl über die Linde selber, wie über den Dorfbrunnen und Frau Holle gesprochen wurde, ist insofern interessant, weil wir uns der Herbst-Tagundnachtgleiche nähern. Nach diesem Termin steigt im Volksglauben – und in der Überlieferung – die Sonne ins Reich der Dunkelheit, der Drachen und Dämonen ab. Brunnen und Höhlen sind seit jeher Symbole für den Eingang zur andern Welt. In der Edda liegt unter den Wurzeln der Weltesche «Ygdrasil» (→ Weltenbaum) der Brunnen der Urzeit, an welchem die drei Nornen (Schicksalsgöttinnen, im Volksmund die drei «Mareien») über das Los der Menschen bestimmen. Dort haben auch die Götter ihre Gerichtsstätte.[149] Die Linde ist sowohl ein Friedensbaum (→ Ding), wie auch Gedächtnisbaum für die Toten einer Dorfgemeinschaft.[150] Frau Holle (→ Holunder) bringt als Muttergottheit die Kinder zur Welt und holt als «Hel» die verstorbenen Seelen wieder in ihr Reich zurück.

Im Zusammenhang mit Erntefesten steht auch die «Weinbeergoas» (Weintrauben-Geiss) in den niederösterreichischen Weinbaugebieten. Es handelt sich um ein mit weissen und blauen Trauben behangenes Gestell, das einen holzgeschnitzten Ziegenkopf trägt.[151] Auch die in Einsiedeln früher üblichen Gebäcke in Form eines ruhenden Schafes, die

«Schafböck», «Heiligböck», «Hollabänz» hiessen,[152] dürfen wir als eine Erinnerung an einstmals geschmückte Opfertiere ansehen.

Bei den Juden entspricht die Jungfrauzeit dem Monat Elul. Obwohl vor allem in den ersten zehn Tages des folgenden Monats (Tischri) streng gefastet und gesühnt wird, gilt doch schon der ganze Monat Elul als Zeit der Einkehr, weil sich Moses in dieser Zeit auf dem Berg Sinai aufhielt.[153] Die Moslems kennen den Ramadan, und nach islamischer Tradition wurde in diesem Monat den Mohammedanern der Koran mit seinen Geboten übergeben (→ Ding, → Weltgericht). Der Ramadan war ursprünglich ein Monat der Reue und der Vergebung. Im Jahreskreislauf entsprach er ursprünglich unserer christlichen Fastenzeit.

In der griechischen Mythologie stirbt der Vegetationsgott Hyakinthos, als der eifersüchtige Zephiros (Westwind) den Diskus, den Apollo warf, packte und nach Hyakinthos schleuderte. Wenn Apollo, der Sonnengott, einen Diskus wirft, der einen Vegetationsgott tötet, so dürfen wir den Diskus sicher als Sinnbild für die Sonnenscheibe verstehen.

Die alten Römer feierten in diesen Wochen ein Fest für den alten Vegetationsgott «Vortumnus» (am 13. August); und die «Vinalia Rustica» (19. August), an dem sie Jupiter baten, die reifenden Trauben zu schonen, und bei dem auch der «Venus Libitina» (Totengöttin) Opfer dargebracht wurden. Zwischen zwei Agrarfesten (21. und 25. August), eines für «Ops», Göttin des Überflusses und Verkörperung des Erntesegens, das andere für den Korngott «Consus», anlässlich dessen Fest ein unterirdischer Altar aufgedeckt wurde, finden wir die «Volcanalien» (23. August). Diese waren dem halb unterweltlichen Gott Vulcanus geweiht. An seinem Fest fanden Zirkusspiele statt, und auf der «Area Volcani» warf das Volk lebendige Tiberfische in ein zu diesem Zweck entfachtes Opferfeuer.[154]

In Griechenland fanden am 19. Boedromion (etwa September) die grossen neuntägigen Eleusinen statt, Festlichkeiten zu Ehren der Göttinnen Demeter und deren Tochter Persephone. Dem Einweihungsritual ging ein neuntägiges Fasten voraus. Demeter, die Kornmutter, entspricht der römischen Ceres, sie wird mit Ähren in der Hand und einem Ährenkranz auf dem Haupt dargestellt, Maria oft mit einem ährengeschmückten Kleid. Auch die bildliche Darstellung des Sternzeichens Jungfrau verzichtet nie auf die Ähre; Spica (Ähre) heisst der hellste Stern dieses Sternbildes.

Die Bedeutung des Ackerbaus für die Ernährung lässt uns verstehen, dass alle getreideanbauenden Kulturen der Kornmutter grosse Verehrung entgegenbrachten. Das zeigt sich in den Bräuchen, die mit der Ernte verbunden sind. In Schottland wurde aus der letzten «Mahd» zuweilen eine weibliche Figur gebunden, welche «die alte Frau» genannt wurde, wenn das *nach* Allerheiligen geschah; vorher hiess sie «die Jungfrau».[155] Wenn in Polen eine Frau die letzte Garbe bindet, so wird diese «die Baba» (alte Frau) genannt, ist es ein Mann der sie bindet, so sagt man, dass der «Grossvater» drin sitzt.[156] Die alten Peruaner kleideten eine gewisse Menge von ihrem fruchtbarsten Mais in reiche Gewänder und behandelten diese «Pirua» als Mutter der Maispflanze.[157] In den meisten Gebieten Ostindiens wird der «Reismutter» eine ähnliche Verehrung bezeugt.[158]

In der Jungfrau-Phase wird die Ernte eingebracht und der Mensch besinnt sich, oftmals mit Fasten, dass nicht er allein für den gewachsenen Segen, für die gefüllten Scheunen verantwortlich ist – und dafür dankte und opferte er seinen Göttern.

WAAGE

24. September bis 24. Oktober

Die Sonne scheint nun schon merklich kürzer als in den vergangenen Wochen. Tag und Nacht sind gleich lang geworden. Die Pflanze stellt die Saftzufuhr ein und verfällt in einen Zustand aktiver Ruhe. An Stelle des Wachstums tritt das Reifen der Früchte oder der Samen. Durch die Ruhe und den gebremsten Energiehaushalt beginnt die Pflanze zu welken und auszutrocknen.

Beim Menschen können wir in der Waage-Phase Ausgeglichenheit finden. Er wird sich klar, dass seine Lebenskräfte abnehmen; das Drängen der Triebe wird schwächer und dies versetzt ihn in eine bisher nicht gekannte Ruhe. Die Zeugungsfähigkeit klingt langsam ab. Im Beruf werden meist keine allzugrossen Anstrengungen mehr gefordert, wir haben in dieser Zeit zum erstenmal die Musse, uns dem Geniessen des erreichten Zustandes zu widmen. In der ersten Lebenshälfte waren nicht der Geist, sondern die Materie und die Triebe vorherrschend. Mit der körperlich-materiellen Seite des Lebens haben wir uns nun auseinandergesetzt, von jetzt an sollten wir den geistigen Seiten unserer Existenz mehr Aufmerksamkeit schenken. Der Abbau der körperlichen Kräfte will mithelfen, uns dies zu erleichtern.

Am 24. September (Äquinoktium) sind Tag und Nacht gleich lang, sie halten sich die Waage. Poetisch ausgedrückt, tritt nun die Sonne durch die Pforte des Todes ins Schattenreich; sie steigt in die Unterwelt, hinab zu den Drachen, Dämonen und Eisriesen, deren Gewalt über sie bis zur Wintersonnenwende zunimmt. Venus/Flora, die während des Sommers Königin der Oberwelt war, muss jetzt ihren Platz an die schwarze unterweltliche Venus abtreten, an die schlangenumgürtete Proserpina.

Ceres, die Göttin der Saaten und der Fruchtbarkeit der Erde, hatte eine Tochter namens Proserpina, die von ihrem

Vater Jupiter insgeheim dem Gott der Unterwelt, Pluto/Plutos, versprochen war. Als dieser sie in einem mit vier schwarzen Pferden bespannten Wagen «raubte» und unter die Erde entführte, wurde sie von ihrer Mutter neun Tage lang auf der Erde gesucht. Der Sonnengott entdeckte ihren Aufenthalt, konnte sie aber nicht befreien. Ceres unterband daraufhin alles pflanzliche Wachstum auf der Erde. Merkur, der Götterbote, handelt in Jupiters Auftrag mit Pluto aus, dass Proserpina wieder an die Oberwelt darf. Beim Abschied gibt Pluto ihr unbemerkt nur einen Kern des Granatapfels zu essen, wodurch sie an ihn gebunden bleibt. Sie darf nun zwei Drittel des Jahres an der Oberwelt verbringen, muss für das andere Drittel aber wieder in die Unterwelt absteigen. Wir erkennen hier leicht den Zusammenhang zwischen Proserpina/Persephone und einem Aspekt des pflanzlichen Lebens.

In der Edda finden wir einen ähnlichen Vergleich, doch bezieht er sich dort auf das Meer, das – im Norden – drei Monate lang schiffbar war. Skadi, die Frau von Njord (dem Vater von Freyja, die in etwa der Venus entspricht), einigt sich mit ihrem Gatten, dass sie neun Nächte lang in «Thrymheim» (Welt des Getöses) und drei Nächte in «Noatun» (Schiffsstätte) wohnen würde.[159]

In der Waagezeit nähert sich die Arbeit draussen auf dem Feld ihrem Abschluss. Die Scheunen sind gefüllt, nun kommt die Arbeit drinnen, in Haus und Hof, an die Reihe. Am 29. September ist «Michaelitag». Der Erzengel Michael ist der Vorsteher des Paradieses. Sein Fest fand ursprünglich im Mai statt (→ Stier), doch wurde es 813 vom Konzil zu Mainz auf Ende September verlegt, vor allem um den Wodanskult in eine andere Bahn zu lenken. Dies war um so leichter möglich, weil Michael seit dem 6. Jahrhundert Schwert und Rüstung trug und gegen den Drachen kämpfte.[160] Die Deutschen verehrten ihn so sehr, dass ihnen der Übername «deutscher Michel» geblieben ist. Michael ist der Seelenwäger beim «Jüngsten Gericht», Ritter im Kampf gegen den Drachen (also gegen den Winter) und Anführer der himmlischen Heerscharen im Kampf gegen die Mächte der Finsternis, der Unterwelt. Die meisten dieser Eigenschaften treffen, in etwas abgeänderter Form, auch auf Wodan und Donar zu.

Wahrscheinlich um die Gläubigen nicht ohne Schutz in den dunklen Teil des Jahres ziehen zu lassen, ist das «Schutzengelfest» auf den 2. Oktober festgesetzt worden.[161] An diesem Tag finden sich heute noch Pilger in einer Höhle beim «Wildkirchli» im Säntisgebiet ein[162] (→ Unterwelteingänge). In Unterfranken heisst der Freitag vor Michaeli «Hell-Tag»[163] (→ Hel, Holle). An verschiedenen Orten in Deutschland gibt es heute noch «Michaelibrote» oder «Kuchenmichel», sie sind eine letzte Erinnerung an einstige Totenspeisen (→ Skorpion).

Auf den Termin der Herbst-Tagundnachtgleiche fiel das germanische «grosse Ding» oder »Thing», die jährliche Volks- und Gerichtsversammlung, zu welcher sich alle freien, wehrfähigen Männer einfinden mussten (Dingpflicht). Am «Thing» wurde über Leben, Freiheit und Grundeigentum des freien Mannes entschieden. Die Verkündigung des Dingfriedens (Schweigegebot) unter Anrufung der Gottheit, verriet durch ihre feierliche Form noch lange den religiösen Ursprung des Dings. In den skandinavischen Ländern werden Volksvertretungen heute noch als «Folke-Ting», «Stort-Ting» und «Al-Ting» bezeichnet.[164] In London wurde zur Herbst-Tagundnachtgleiche noch im Jahre 1964 der Bürgermeister gewählt und der Sheriff vereidigt.[165]

Zum Zeitpunkt, an dem früher das «Ding» abgehalten wurde, finden heute Kirchweihfeste und Jahrmärkte statt. In

Deutschland, Österreich und auch der Schweiz wurde das Kirchweihfest (Kilbi, Kirmes, Kirtag, Kirwei, Kirbe, Kirmse) oft auf den dritten Sonntag im Oktober verlegt (Ende Waage), bis dahin sind auch die Feldfrüchte eingebracht. Die «Kirchweih» ist ebensosehr Dorf- wie Sippenfest und wird meistens mit Jahrmarkt, Tanz und anderen Volksbelustigungen begangen. Manchmal wird sie mit dem Setzen eines Kirchweihbaumes eröffnet, der oft mit Kränzen, Eiern oder Fähnchen behangen ist. Im Rheinland wird sie durch eine lebensgrosse Puppe «Zacheies» genannt, verkörpert. Oft werden auch Hammel- oder Hahnentänze (→ Jungfrau) abgehalten. Neben mehrtägigem Tanz bilden ausgiebige Schmausereien den Hauptinhalt des Kirchweihfestes. Aufgrund des vorhandenen Brauchtums scheint die Kirchweihe ganz einfach die Nachfolge von «Ding» und Erntefesten zu sein, der kirchliche Anlass nur ein Vorwand. Im Luzernischen wird die Kirchweih, auch heute noch, manchmal «Herbstfastnacht» genannt.

Nicht nur die Germanen hielten zur Zeit des Herbst-Äquinoktiums ihr grosses Gericht ab. Auch die alten Griechen, die Inder und die Juden haben den Tag des jährlichen göttlichen Weltgerichtes auf diesen Termin gedacht.[166] In Griechenland fanden nach den «Eleusinen» (→ Jungfrau) die Frauenfeste der «Thesmophorien» statt, Festtage des Gesetzes, der Herbstsaat und der Klage. Bei einem feierlichen Umgang trugen verheiratete Frauen die überlieferten Gesetzestafeln auf dem Kopf umher.[167]

Die Juden feiern jetzt ihr Neujahr (Rosh-Ha-Shannah), das Moses von Gott befohlen worden ist. Auf ihren Neujahrstag folgen zehn furchterweckende, ehrfurchterregende Tage, in denen der Mensch einkehrt und vor seinem Schöpfer steht. Im Talmud, der Zusammenfassung der jüdischen Lehren, Vorschriften und Überlieferungen, sagt der Rabbi Jehudas: «Der Mensch wird am Neujahrstag gerichtet und am Sühnetag (zehn Tage später) wird das Urteil besiegelt.» Das Gebet, das an diesem Tag den Abschluss des Gottesdienstes bildet, wird in alten Schriften als «Neilah-Schearim» (Schliessung der Tore) bezeichnet.[168] Vielleicht sind damit die Tore der Oberwelt gemeint. Den Abschluss des danach folgenden Laubhüttenfestes (→ Neptunalien), welches eine Erinnerung an die Wüstenwanderung darstellt, bildet am neunten Tag die «Simchat Thora», das Fest der Freude am Gesetz der Thora, der fünf Bücher Moses. Es wird durch Umzüge in den Synagogen und als Kinderfest begangen.

Erstaunlicherweise trägt das Stern*bild* Waage (Libra) nicht nur im gesamten europäischen Raum den gleichen Namen, sondern auch die Inder und Hebräer bezeichneten es als Waage oder als Waagebalken. Auf dem Relief von Denderah (Ägypten), aus dem ersten vorchristlichen Jahrhundert, ist zwischen Jungfrau und Skorpion eine Waage abgebildet. Dieses Sternbild sei von «frommen Heiden» auch als «Plutos Wagen» (in welchem er Proserpina entführte) bezeichnet worden, und der lyrische Dichter «Caesius» († 79 n. Chr.) habe es als die Waage aus dem Buch Daniel (5, 27) identifiziert, auf welcher «Belsazer» gewogen und zu leicht befunden worden sei.[169]

In der Waagezeit wird mit Festen, aber auch mit Opfern den Göttern für die Ernte gedankt, und an diesem wichtigen Wendepunkt des Jahres wird auch Rückschau und Gericht gehalten.

SKORPION

24. Oktober bis 23. November

In der Skorpion-Phase sind die Tage schon merklich kürzer als die Nächte. Die Sonne verlässt nun scheinbar die «Oberwelt» und zieht das pflanzliche Leben für fünf Monate mit sich in die Tiefe. Die Säfte der Bäume und Sträucher ziehen sich zurück, die Pflanzen sterben ab. Samenkörner und Früchte lösen sich von der Mutterpflanze, werden in die Erde geschwemmt, sprengen dort ihre Hüllen und verfaulen. Alle Lebenskeime sind begraben, die Natur wird kalt und leblos.

In seiner achten Lebensphase kommt der Mensch in die Wechseljahre, was meist einem Rückzug der sexuellen Kräfte entspricht. Diese biologische Umstellung verursacht in ihm eine ähnliche Veränderung, wie wir sie im Skorpionmonat in der Natur sehen, sie zerbricht die Harmonie und Ruhe der Waagezeit. Der Mensch wehrt sich gegen das Verlöschen dieser wichtigsten Naturkraft, die nur ein Anliegen kennt: sich fortzupflanzen. Was sich nicht fortpflanzt, ist für die Natur wertlos. Oft verleitet die Ruhe der Waage-Phase den Menschen dazu, die erreichte Ausgeglichenheit als endgültigen Zustand zu betrachten. Das mag auf die materielle Seite zutreffen, doch hat der Mensch auch eine geistige Aufgabe, die er gerne übersieht. Daher wird er in «seiner» Skorpionzeit unter Umständen zurückgeworfen. Nur auf diese Weise kann er dazu gebracht werden, sich auch mit seinem Geist auseinanderzusetzen. Und nur dadurch schafft er sich die nötige Reife für die fünf verbleibenden Stufen. Alle in diesem Lebensabschnitt auftretenden Disharmonien lösen Zwiespalt und Leid aus. Sie schaffen Krisen, aus deren Überwindung er Neues lernen und wieder vorwärtskommen kann. Die Achse der Tierkreis-*Zeichen* Stier und Skorpion entspricht dem Werden und Vergehen, dem Festhalten und Loslassen. Die kürzeste Formulierung des irdischen Materiegesetzes stammt meines Wissens von Milarepa, der im 11. Jahrhundert in

Tibet lebte. Sie lautet: «Erwerb führt zu Verlust, Aufbau endet in Zerstörung, Begegnung endet in Trennung und jede Geburt führt zum Tod.»

Der November hiess früher auch Wind-, Nebel- oder Wintermonat, im Holländischen Schlacht- oder Schmer-(Schmalz-)monat. Die Angelsachsen nannten ihn «Blôtmond», Blut-, bzw. Opfermonat.[170]

Das Stern*bild* Skorpion wurde im frühen China «blauer Himmelsdrache» genannt, Konfuzius bezeichnete es als «das grosse Feuer», wahrscheinlich im Sinn von Reinigung, Läuterung. Erst nach dem Erscheinen der Jesuiten (16. Jh.) wurde die Bezeichnung Skorpion gebräuchlich. Im jüdischen Stamme Dan (ein Sohn Jakobs) wurde dieses Stern*bild* als gekrönte Schlange oder als Basilisk dargestellt.[171] Der Basilisk, das Wort ist griechisch und heisst kleiner König, ist eine Drachenschlange aus der Fabel; er wird meist mit Klauen und Flügeln beschrieben, mit giftigem Atem und tödlichem Blick.

Südlich des Skorpions liegt das Stern*bild* «Lupus» (Wolf) und nördlich davon finden wir die Schlange, den Schlangenträger, den Drachen und das Stern*bild* des Herkules, den Schlangen in der Wiege hätten töten sollen. Dem Skorpion gegenüber liegen die Bilder des Stiers und des Orion. Eine Sage erzählt, dass Gaia, die Erde, den grossen Jäger Orion durch einen ungeheuren Skorpion habe töten lassen, weil jener geprahlt hatte, dass er das ganze Wild der Erde ausrotten wolle. Am nächtlichen Himmel können wir sehen, wie das Stern*bild* Orion untergeht, wenn im Osten «der Skorpion» aufsteigt.

Der 24. Oktober ist der Festtag des Erzengels Raphael, dessen Name «Gott heilt», sich auf die Eingangs erwähnten Krisen beziehen lässt. In diesem Beschützer der Pilger gab die Kirche den Gläubigen einen verlässlichen Begleiter durch diese dunkle Zeit des Jahres.

Am 31. Oktober, dem Fest des heiligen Wolfgang, der im Jahre 994 in Puppingen (Österreich) starb, kroch man durch Erd- und Steinlöcher, um gegen Krankheiten gefeit zu sein (→ Durchkriechen). Die Frauen glaubten, dass ihre Fruchtbarkeit gefördert werde, wenn sie durch eine enge Öffnung, etwa einen Baum- oder Felsspalt, schlüpfen würden. Damit wollte man auch die am Körper haftenden bösen Dämonen abstreifen.[172]

Die auf den Tag des heiligen Wolfgang folgenden Festtage im katholischen Kirchenjahr sind «Allerheiligen» und «Allerseelen», wobei sich die Volksbräuche ganz entschieden auf «alle Seelen» beziehen. Nach altem Volksglauben kehren in dieser Nacht die armen Seelen (aus dem Fegfeuer) auf die Erde zurück und gehen in Hexen- oder Krötengestalt, manchmal auch als Irrlichter, um. Am Allerseelentag (2. November) werden in katholischen Gegenden die Gräber mit Blumen geschmückt, vielerorts zieht eine Prozession zum Friedhof. Im Elsass werden alle Glocken geläutet (Vertreiben der Geister), in Böhmen hält man Hausandachten mit geweihten Kerzen ab. Viele Leute besuchten früher zu Allerseelen ihr Heimatdorf und die Gräber der dort verstorbenen Angehörigen und Ahnen. Nach dem Tiroler Volksglauben darf man an diesem Tag keine Kröten oder Frösche töten, «weil eine arme Seele drinstecken könnte».[173] Interessanterweise wurde im Mittelmeerraum früher oft eine Schlange im Haus gehalten, als Symbol für die Ahnen. Von den alten Nordländern wissen wir, dass sie glaubten, die Seelen der Verstorbenen würden aus Hel auf die Erde kommen, um Menschen, Tieren und Fluren Schaden zuzufügen. Zur Besänftigung dieser Seelen stellten sie Lichter und Speisen auf die Gräber.[174]

Noch um die Jahrhundertwende gab es in Bayern ein Kultgebäck, die «Seelenzöpfe», das die Kinder jährlich von ihrem Taufpaten geschenkt erhielten.[175] Neben dem bereits erwähnten «Kuchenmichel» finden wir auch das «Seelenbrot», den «Seelweggen», das «Zeil-Brötchen», den «Heiligenstriezel» und andere Gebäcke.[176] Sie weisen zum Teil längliche Formen auf und sollen vermutlich die Seelengeister darstellen. Noch im späten Mittelalter stellte man Brot, Wein und Bohnen als Kultspeise auf die Gräber.[177] Als «Allerseelenspeise» war auch der aus Erbsen oder Bohnen zubereitete «Seelenbrei» sehr verbreitet.

Die Bohnen gehören bekanntlich zu den Hülsenfrüchten. Eine Hülse ist eine umschliessende Hülle, das Wort entstammt der indogermanischen Wurzel «kel» und hat mit «verhüllen», «verbergen» zu tun. Da Bohnen auf unbegrenzte Zeit ihre Lebenskraft beibehalten, wurden sie früher als Symbol der Unsterblichkeit (oder der Wiedergeburt?) angesehen und man findet sie daher häufig in ägyptischen Gräbern. Diese Bohnen konnten nach drei- bis viertausend Jahren noch Keime treiben. Bohnen wurden aber auch in Griechenland, im alten Rom und bis hinauf nach Schottland mit Toten oder Geistern in Beziehung gebracht.[178] Früher wurden die Geister auch «Hülsen» genannt und entsprechend verwendete man die Hülsenfrüchte sowohl als Opfer *für* die Toten, wie auch als Schutz *gegen* Gespenster.

Die Athener hielten – etwa im September – die «Genesia» ab, eine staatliche und private Totenfeier, und im Oktober die «Pyanopsia», ein Fest für den Lichtgott Apollo, zu welchem Anlass ein Bohnengericht gekocht wurde.

Am 15. Oktober feierten die Römer auf dem Marsfeld das «Oktoberreiten» und opferten ein Pferd und zwar jenes, das auf der rechten Seite des siegreichen Wagens angespannt war

(→ Los). Bevor es geopfert wurde, hängte man ihm eine Kette von Broten um den Hals.[179] Genau gegenüber im Jahreskreis feierten die Römer ein Fest zur Vertreibung der «Larven» und Gespenster, bei dem Bohnen geworfen wurden (→ Lemurien).

Am Hedwigstag (17. Oktober) wurden «Hedwigssohlen»,[180] ein schuhsohlenähnliches Gebäck, dessen Form sich ebenfalls in die «Seelendarstellungen» einreihen lässt, an die Pilger verkauft. Noch im 19. Jahrhundert hiess in der Grafschaft Henneberg, im fränkischen Gau, das Leichenmahl «der Totenschuh».[181] Dies erinnert an die germanische Sitte, dem Toten einen besonderen Schuh mit ins Grab zu geben.[182] Dieser Brauch muss mit dem Gott Widar zusammenhängen, der mit dem einen Schuh, den er trug, dem «Fenriswolf» den Rachen entzweiriss (→ Osterritt in Taufkirchen).

Am 6. November ist das Fest des heiligen Leonhard, des Patrons der Gefangenen und Kranken. Seine Attribute sind ein Pferd und eine *eiserne* Kette (→ Thor/Donar). Seit Beginn des 12. Jahrhunderts wurden ihm im süddeutschen Raum viele Kapellen und Kirchen geweiht; sie stehen zumeist auf Anhöhen oder bei alten heidnischen Opferplätzen und sind vielfach mit einer eisernen Kette umspannt (→ Grenzlinie). Am frühen Morgen des 6. November umritten die Bauern die Leonhardskirchen und brachten dem Schutzheiligen des Viehs als Votivgaben meist eiserne, manchmal wächserne Tierfiguren dar, vielleicht anstelle von früheren Tieropfern. Ihm zu Ehren wurden Galoppfahrten (→ Oktoberreiten), Peitschenknallen und das «Leonardidreschen» (Donars Hammer) veranstaltet.[183] Auffallend ist der ähnliche Klang der beiden Namen: Donar und Le-onhar-d, was sicher auch eine Erklärung für Leonhards Verehrung liefert.

Alle Lärmbräuche dienen der Geisterabwehr. Umritte,

Umgänge, auch Umspannungen und Kreistänze, verfolgen die Absicht, eine «magische Grenzlinie» zu ziehen. Dabei soll das sich im Kreisinneren Befindliche vor dem Einbruch des unbekannten oder furchterregenden Äusseren geschützt werden (Hag der → Hagazussa, sie sitzt auf der Grenzlinie – Demonstrationen mit Menschenketten in der heutigen Zeit).

Der Tag des heiligen Martin, der 11. November, gilt auf dem Land als Winteranfang. Er ist ein Zinstag; ein «Schlenkeltag», an dem das Gesinde seine Stelle wechselt und ohne Beschäftigung «herumschlenkelt». «Ab Martini» beginnt die Arbeit bei Licht. Zahlreich sind die Bräuche, denen wir an diesem Tag begegnen: die «Martins-Gerte»[184] (→ Lebensrute, → St. Nikolaus); Martinsfeuer (Reinigung und Läuterung); Umritte und Pferdesegnungen; Liedersingen mit Gabenheischen. Man bäckt «Martinshörnchen», eine Nachbildung der alten Trinkhörner, aus denen die «Thorminne» getrunken wurde.[185] Anderen Quellen zufolge sollen die Martinshörnchen die Hörner von Rindern und Widdern darstellen, die die Heiden um diese Zeit geopfert hätten.[186] Man trinkt die «Martins-Minne», den neuen Wein. Die Kirche erklärt dies damit, dass der Heilige einmal Wasser in Wein verwandelt habe, und so kamen auch die Gastwirte zu einem Schutzpatron.[187] Die «Martini-Lieder» sind Schlemmerlieder, die einst an den zu Ehren des Heiligen (?) abgehaltenen Gelagen gesungen wurden (→ Kirchweih).

Auch die «Martini-Gans» wird an diesem Tag verzehrt. Diesen Brauch erklärt die Kirche damit, dass sich der heilige Martin, als er zum Bischof von Tours gewählt werden sollte, solange in einem Gänsestall versteckte, bis ihn das Schnattern der aufgeregten Tiere verriet.[188] Allerdings finden wir schon auf alten Runenkalendern diesen Tag durch das Bild einer Gans gekennzeichnet.[189] Die Gans war früher ein Opfertier

Wodans, sie gehört auch zur Frau Holle. Noch heute nennt man in der Röhn die Bratgans «Hollegans».[190] Der Name «Gänserichhals» war um 1800 in der englischen Grafschaft Devonshire für die letzte Korngarbe üblich[191] (→ Erntebräuche). Der Volksmund spricht von des heiligen Martin «Gänsehimmel» als einem Hinterhaus des Himmels und nimmt damit bezug auf die himmlische Halle von Wodan und Freyja.

Im griechischen Mythos ist die Gans der Nemesis heilig, der Göttin der Gerechtigkeit und des *rächenden* Schicksals;[192] die astrologische Tradition sagt, dass sich im Skorpion *rächt,* was im Stier falsch gemacht wurde. In einem ägyptischen Schöpfungsmythos entschlüpft die Gans einem auf dem Urschlamm, also in skorpionischer Nässe und Dunkelheit, gelegenen Ei «und mit ihr wurde es hell, denn die war die Sonne», das erste Licht.[193] Im Norden verschwindet die Sonne für Monate unter den Horizont. All diese Hintergründe mögen unbewusst mitspielen, wenn, zu eben diesem Zeitpunkt im Jahreskreislauf, eine weisse Gans geschlachtet wird. Der heilige Martin, der seinen Mantel zerschneidet, ist ein treffendes Symbol für den Himmel, der die frierende Erde mit Schnee zudeckt. Martin reitet – wie Odin und Wodan – auf einem weissen Pferd.

In die Skorpionzeit passt auch die folgende Stelle aus der Edda:[194] Baldur, dessen Haupt wie die Sonne glänzte, wird durch eine List von Loki, dem «Beender», getötet. Loki überredet Baldurs blinden Bruder Hod (Krieg) dazu, mit einem Mistelpfeil (→ Mistel) auf Baldur zu schiessen. Baldur stirbt und alle Anwesenden sind von tiefstem Schmerz ergriffen, doch konnten sie an der Friedensstätte – sie befinden sich auf dem Thingplatz – keine Rache üben. Ein Sohn von Odin namens Hermod (Hermes/Merkur) reitet in die Unterwelt zu

Hel, die ihm sagt, dass nur dann auf eine Rückkehr von Baldur zu hoffen sei, wenn alle lebenden und toten Dinge der Erde ihn beweinen würden (der November ist einer der feuchtesten Monate).

In der Skorpionzeit werden zwar schon die ersten Vorkehrungen gegen die Macht der Dunkelgeister getroffen, andererseits wird jetzt noch tüchtig geschlemmt.

SCHÜTZE

23. November bis 23. Dezember

In der Schütze-Phase ist alles pflanzliche Leben abgestorben und ruht unter der Erde. Der Tag dauert jetzt nur noch acht Stunden, sechzehn Stunden lang ist Nacht. Die in der Skorpionzeit begrabenen und verfaulten Samen verwandeln sich – für den Menschen unsichtbar – zu neuem Leben. Im Pflanzenkeim wird die «Sehnsucht» nach Licht und Sonnenwärme immer grösser und steigert sich solange, bis sie am Ende der Schützezeit gross genug ist, die Hüllen zu sprengen. In der Phase des Schützen wandelt sich das «Grab des Skorpions» zur Wiege für das neue Leben der Pflanze.

Die Ereignisse, die während der Skorpionzeit beim Menschen stattgefunden haben, sind mitverantwortlich dafür, dass seine Lebenskraft schwächer geworden ist. Die Bindung an die materielle Welt kann allmählich nachlassen; Ermattung und Müdigkeit machen sich bemerkbar. Der Körper beginnt abzubauen und spätestens in seiner neunten Lebensphase sollte sich der Mensch nach dem Sinn des Lebens fragen. Da er aus der Waagezeit den Zustand der Harmonie kennt, wächst in ihm die Sehnsucht, diesen wieder zu erreichen. Diese Sehnsucht kann zu einer geistigen Horizonterweiterung und Neugeburt führen.

Das Stern*bild* des Schützen wurde bei verschiedenen Völkern mit unterschiedlichen Namen bedacht: der Reiter, der halbe Mann, der Hornfüssler, der Kentaur Chiron, das Pferd, das Kamel, der Köcher, der Bogen, auch das Licht der weissen Seite und der Tempel.[195] Seit dem Mittelalter wird es bei uns meist als bogenschiessender Kentaur dargestellt. Dieses Bild weist gemeinsame Punkte mit den ersten acht Bezeichnungen auf und hat mit der Thematik der Beherrschung oder Überwindung des tierischen Wesensteils zu tun; die beiden letzten Bezeichnungen verweisen auf das anzustrebende Ziel, was auch durch den gespannten Bogen angedeutet wird.

Am Tag des heiligen Andreas (30. November) beginnen vielerorts die Bräuche der Dämonenabwehr und des Fruchtbarkeitszaubers der Mittwinterzeit.[196] In dieser dunklen, geheimnisvollen Jahreszeit, in der die Sonne kraftlos erscheint und daher keine Kraft mehr über die bösen Geister besitzt, erwacht auch der Wunsch, einen Blick in die Zukunft zu tun (Sylvester). Beim Aufsagen bestimmter Sprüche wird in dieser Zeit im Wand-[197] oder Wasserspiegel das Bild des zukünftigen Mannes sichtbar. Das Mädchen stellt auch etwa frische Zweige ins Wasser, um an der Färbung der Blätter die Heiratsaussichten zu erforschen. In Horgen (Kanton Zürich) weiss man zu berichten, dass am Andreastag die Hexen auf den Kreuzwegen tanzen[198] und im luzernischen geht die Jugend mit Lärminstrumenten «andreeslen»[199] (→ Dämonenabwehr).

Wenn «Barbarazweige», das heisst am 4. Dezember gebrochene Zweige, ins Wasser gestellt werden, beginnen diese an Weihnachten zu blühen. Es sind meist Kirschen-, Apfel- oder Birnzweige[200] und mancher Bauer liest an ihnen ab, mit welchem Ertrag an Früchten er im nächsten Jahr rechnen kann.

In der katholischen Kirche werden «Rorate-Messen» (lat. rorare = auftauen) gelesen und zwar *vor* der Morgendämmerung. Die Gläubigen streben aus dem Dunkel in die erleuchtete Kirche. Diese Frühmessen finden zu Ehren Marias statt, ihr hintergründiger Sinn wird verständlich, wenn man Maria mit Venus, Ischtar oder Demeter und Kore, das heisst mit dem pflanzlichen Leben gleichsetzt, das jetzt unter der Erde – in der Dunkelheit – ruht (→ Jungfrau).

Die Adventszeit (lat. advenire = herankommen) bezieht

sich auf Weihnachten. Die Kirche hat das Fest von Christi Geburt auf den Termin der Wintersonnenwende verlegt (→ Weihnachten). Im Adventskranz kommt die Sehnsucht nach dem Licht der Sonne zum Ausdruck. Mit dem Näherkommen der Sonnenwende – nach christlichem Glauben: dem Erscheinen des «Lichts der Welt» – zünden wir an jedem Sonn-Tag im Advent eine Kerze mehr an, als ob wir uns damit versichern wollten, dass es bald wieder heller wird.

Die drei Donnerstage (Donars Tage) im Advent heissen je nach Gegend «Klöpfelnächte», «Anklopfete», «Bochselnächte»; im Elsass «Schlempel»-, «Klöpf-» und «Popelnächte».[201] An diesen Abenden wird mit hölzernen Hämmern an Türen und Fensterläden geklopft und geschlagen (→ Grasaufwecken). Die Anpochenden sind zuweilen verkleidet, manchmal tragen sie auch Kuhglocken und Peitschen mit sich.[202] Früher fanden an diesen Tagen Lärmumzüge statt, durch welche die heidnischen Winter-Unholde vertrieben werden sollten,[203] althochdeutsch «unholdo» heisst»: böser Geist. Der Donnerstag ist dem Donar/Thor heilig; dass mit Holz auf Holz geschlagen wird, mag mit dem Erwecken des *organischen* Wachstums zusammenhängen, ganz ähnlich, wie im Frühjahr das Gras «ausgeläutet» wird. Die Kirche deutete (im Nachhinein) das Lärmen und Klopfen als Hinweis auf die bevorstehende Geburt Christi.

Am 6. Dezember kommt der Sankt Nikolaus zu den Kindern, meist aus dem Wald, oft auf einem Pferd oder Esel. Mancherorts zieht er über die Dächer, manchmal im Schlitten; fast immer begleiten ihn eine oder mehrere finstere Gestalten und an vielen Orten wird er von lärmenden Kindern verfolgt. Den braven Kindern bringt er Gaben, den bösen eine Rute (→ Lebensrute). Die christliche Legende besagt, dass der heilige Nikolaus von Myra (4. Jh.) drei armen Mädchen nachts je einen Beutel Gold als Mitgift ins Zimmer warf. Seit anno 1087 seine Gebeine von Myra nach Bari überführt wurden, verbreitete sich seine Verehrung auch im Abendland.[204]

In der Schweiz erscheint der Nikolaus in einigen Gegenden als Lichtträger unter einer grossen, von innen beleuchteten Mitra. Im Wallis tritt er in Begleitung eines urtümlichen Tieres auf.[205] In Crailsheim (Württemberg) kommt, bereits an Martini, der als alter Mann verkleidete «Nussmärtel» in die Häuser und bringt Nüsse und «Hutzeln» (gedörrte Birnen). Die Kinder müssen ihm ein Gedicht oder einen Spruch aufsagen. Bösen Kindern droht er, er werde sie im Sack mitnehmen.[206] In Mannheim und in Ludwigshafen kam an demselben Tag das «Martiniweibl» zu den Kindern. Sie war in ein weisses Gewand gekleidet (→ Lucia) und brachte Äpfel, Nüsse und Lebkuchen mit. Sie hiess die Kinder beten, doch noch um 1895 herum kam sie mit einem Stock oder Besen (Hexe) um die Kinder zu schlagen[207] (→ Perchta).

In Friesland heisst der Nikolaus «Sünnerklas» (Sonnen-Klaus). Man stellt ihm einen Schuh (→ Widar) unter den Schornstein, in welchen er einige Geschenke tut.[208] In Italien werden zu Allerseelen die toten Verwandten, die «buoni morti», die guten Toten, als Gäste erwartet. Auch sie sollen durch den Schornstein in die Küche kommen, und dort wird für sie aufgedeckt.[209]

Die Lebkuchen und Gebildebrote (→ Grättimann), die der Nikolaus mitbringt, sind wohl eine Erinnerung an ehemalige Opferspeisen. Nüsse und Äpfel reifen am spätesten und halten sich auch am längsten, zudem tragen sie Lebenskeime in sich. Die Bescherung will also andeuten, dass das Leben weitergeht. Der Apfel ist der nordischen Göttin Iduna heilig, sie ist die Göttin der ewigen Jugend und der Unsterblichkeit.

In einer goldenen Truhe verwahrt sie die elf «Äpfel des Lebens», welche die Kraft der ewigen Verjüngung besitzen (→ Äpfel der Hesperiden).

Vielerorts stossen wir aber auch auf böse Kläuse oder auf struppige Begleiter des Nikolaus. Sie tragen mannigfaltige Namen: «Pelznickel», «Rugpelz», «Rub-Borscht», «Schmutzli», «Knecht Ruprecht», «Hans Trapp», «Polterklas», «Krampus», «Klabauf», «zwölf Schläger», «Tüsseler», «Tschemel», «Pére Fouettard», «Fuen».[210] Im Kanton Zürich, in Horgen und Hausen wird die «Klausen-Nacht» auch «Isegrindnacht» genannt. [211] In mittelalterlichen Tierdichtungen ist «Isegrim» der Name des Wolfes. Das Wort leitet sich ab von Eisen und Grimasse und bedeutet eigentlich «Eisenhelm». Es ist also möglich, dass die Bezeichnung «Isegrindnacht» im Grunde mit dem Wolf (→ Wodan) zu tun hat.

Die «Jagd auf den Chlaus» behält normalerweise einen respektablen Abstand und gilt im Grunde genommen nicht ihm, sondern seinen Begleitern, deren Namen anzeigen, dass es sich um böse Geister oder Winterunholde handeln muss. Sie sind nun allerdings durch die Kraft des Heiligen «gezähmt». Auch das Pferd oder der Esel, auf dem Sankt Nikolaus meist erscheint, erinnert an Sleipnir, das achtfüssige graue Pferd Odins.

Marias «unbefleckte Empfängnis» (8. Dezember) entspricht – wie auch die Roratemessen – dem Geschehen, das sich jetzt in der Natur abspielt: alles ist starr und tot, doch in der Erde, für unser Auge unsichtbar, bereiten sich die Keime vor, ihre Hüllen zu sprengen.

Am 13. Dezember folgt das Fest der heiligen Lucia. Ihr Name bedeutet: die Leuchtende, die Lichtbringende. Auf dem Land gilt ihr Tag als der kürzeste im Jahr; er war es auch, bis Papst Gregor anno 1582 den Kalender korrigiert hat (→ Kalender). «Lucina» ist auch ein Beiname der freiheitsliebenden Jagdgöttin Diana. An vielen Orten Europas finden wir Hinweise auf Zusammenhänge zwischen der heiligen Lucia und der germanischen Perchta (auch Perechta, heute in Bertha übergegangen). Seltsamerweise heisst Perchta ebenfalls die Lichte, die Glänzende. Die Dämonen in ihrem Gefolge werden «Perchten» genannt, wobei man zwischen den guten «Schönperchten» und den wilden, bösen, «schiachen» Perchten unterscheidet. Eine ähnliche Trennung vollzieht die germanische Mythologie zwischen den Schwarzelben, den Zwergen, und den Lichtelben, den Elfen. In Bayern führt Perchta den Namen «Frau Bertha mit der eisernen (oder langen) Nase» (→ Schnabelgeiss). Ihre Nacht wird in Schweden heute noch «Modernatten» (Mutternacht) genannt,[212] angelsächsisch hiess der Jahresbeginn (25. Dez, Kalenderverschiebung) ebenfalls «Modre-nect», «Modra-neht».[213] Es ist in diesem Zusammenhang vielleicht interessant zu wissen, dass die Germanen die Nächte und nicht die Tage gezählt haben (vgl. Sonn-Abend für Samstag). Ebenso beginnen die jüdischen Feiertage mit dem Erscheinen des ersten Sternes am Horizont.

In Schweden erschienen um vier Uhr morgens zwei «Lussi» in Ziegengestalt, mit je einer Garbe um den Hals. Auf dem Kopf trugen sie rote Mützen[214] (→ rote Farbe). Die Ziegen mögen als «Hexentiere» (Teufel, Pan) auftreten oder als Böcke Thors aufgefasst werden. Die Garbe um den Hals, wird mit der Aussage verbunden, dass Frau Perchta den bösen Kindern den Bauch aufschneide und Häckerling, kurzgeschnittenes Stroh, hineinstopfe, um den Bauch anschliessend mit einer Pflugschar und einer eisernen Kette wieder zuzunähen.[215]

In Österreich ist Lucia das Gegenstück zum Sankt Nikolaus, sie ist allerdings bedeutend gefürchteter als er.[216] Diese bösen Seiten zeigen sich allerdings erst in einer Zeit, in der das Christentum auch sie – und zwar als Perechta – dämonisiert hat. Sie war ursprünglich eine gute, holde, Freude bringende Göttin, sie entspricht der «weissen Frau» aus Sagen und Märchen. In Schwaben erschien sie früher im Gefolge des Nikolaus.[217] Ein bayrischer Text aus dem 16. Jahrhundert erwähnt eine Vergütung an den Lehrer, weil er am Lucientage «mit gebührlicher Solennität (Feierlichkeit) das Feuer ans Wasser geführet hat».[218] Im Odenwald erschien in dieser Zeit ein weiss gekleidetes Mädchen mit Brautkrone und Lebensrute (→ Nikolaus) auf einem weissen Weihnachtsesel.[219]

Am Vorabend von Lucia (vgl. germanische Tageszählung) versammelte in Niederösterreich die Hausfrau ihre Kinder und Mägde, um mit ihnen zu beten. Anschliessend wurde das Haus ausgeräuchert und nach dem letzten Vaterunser noch folgender Spruch aufgesagt: «Voarn Dudendruga, Hegsenhoagsen; Daiflsbroazen, Zauwrafoagsen; b'schitz mich d'halche Luzie; bis ich muarning fruh oafsteh!» also: «Vor Drudendrücken, Hexenhaxen; Teufelspratzen, Zauberflaxen ...».[220] «Druden» sind weibliche, meist böse Nachtgeister, «Thrudr» hiess Thors Tochter, ihr Name bedeutet Kraft und Stärke.

An manchen Orten sind ähnliche Bräuche auch für den Tag des heiligen Thomas (21. Dezember) überliefert und nach altem Volksglauben zieht in dieser Nacht, auch Rumpelnacht genannt (→ Klöpfelnächte), das «wilde Gjaid» (wilde Jagd)[221] oder das «Wütes-Heer» (Wuotans-Heer) mit Lärmen und Johlen über das winterliche Land. Amüsant ist auch die Beobachtung, dass die Kirche das Fest des ungläubigen Thomas ausgerechnet in die dunkelste, lichtloseste Zeit des Jahres verlegt hat.

Die alten Römer feierten am 21. Dezember das Fest «Divalia», zu Ehren der Göttin «Diva Angerola», von der man nur eine Statue kennt, die sie mit verbundenem und versiegeltem Mund zeigt. Es wurde angenommen, dass diese Göttin die Sonne zurückbringe, es könnte aber auch die Göttin des «Angusti dies», des kürzesten Tages, sein.[222]

Vor allem in der dunklen Schützezeit werden die bösen Geister gefürchtet und abgewehrt, gleichzeitig aber auch die guten geweckt und beschworen, damit sie zur richtigen Zeit wieder aktiv sind.

STEINBOCK

23. Dezember bis 21. Januar

Zu Beginn der Steinbock-Phase wendet die Sonne ihren Lauf. Ist im Herbst – im Skorpion – der Lebensfaden, der die Pflanze mit der Sonne verband, gerissen, so lag in der Schützezeit das pflanzliche Leben gewissermassen im Grab. Es weiss aber um das Licht und sehnt sich danach. Vom Solstitium an gibt die Sonne das Leben, das sie mit sich in die Unterwelt genommen hat, wieder frei. Noch unsichtbar für uns Menschen, beginnt sie erneut Kraft zu spenden, die Keime beginnen zu leben. Die sichtbare Geburt findet allerdings erst im Frühjahr in der Widder-Phase statt.

Beim Menschen nimmt die Lebenskraft zusehends ab. Die geschlechtlichen Kräfte erlöschen allmählich, und dies erlaubt ihm, sich von der Materie zu lösen und seinen Platz anderen zu überlassen. Wenn der Mensch will, so hat er jetzt nochmals die Chance, sich aus den Zwängen des Irdischen, Materiellen zu befreien – weil er einsehen kann, dass er nichts davon endgültig festzuhalten vermag.

«Ziege», «gehörnte Ziege», «Ziegenfisch», «Seeziege», «Ziegenseepferd», «Wohnung der Könige», Tor der Götter», «Lichtvater»,[223] sind andere Bezeichnungen für das Stern*bild* Steinbock, in welchem die Wintersonnenwende stattfindet. Als bildliche Darstellung hat sich ein Steinbock mit Fischschwanz, also ein Ziegenfisch, wahrscheinlich deshalb durchgesetzt, weil die Babylonier sich die Unterwelt (→ Hel) als Meer vorstellten, in das alles Leben, wenn es die Hülle verlässt, zurückkehrt und dort wie ein Fisch umherschwimmt.[224] Später – vielleicht um den Zeitpunkt der Wiedergeburt – wandelt es sich vom Fisch zur Ziege, und beginnt durch die Klüfte der Unterwelt zur Erde emporzusteigen. Die Astrologie ordnet der Achse Krebs-Steinbock die Thematik der Selbstfindung und Selbstverwirklichung zu; dem Krebs die Jugend, dem Steinbock das Alter.

Zum Zeitpunkt der Wintersonnenwende feiert die christliche Welt «Weihnachten», das Geburtsfest Christi. In der Frühzeit des Christentums war der 25. Dezember das Fest von Johannes dem Täufer (→ Krebs). Im Jahre 354 hat die Kirche das Geburtsfest Christi vom 6. Januar auf den 25. Dezember verlegt, um dem Mithraskult – der sich durch die römischen Besetzer bis nach Britannien verbreitete und das junge Christentum stark konkurrenzierte – Anhänger abzuwerben. Die Gefolgschaft des Lichtgottes Mithras feierte am 25. Dezember den «Dies natalis Solis invicite», den Tag der Geburt der unbesiegten Sonne.

Die Bezeichnung «Weihnacht» taucht um 1170 zum erstenmal in einem *christlichen* Gedicht auf.[225] Doch schon in vorchristlicher Zeit wurden die Nächte nach der Wintersonnenwende «wîien Nahten» (geweihte Nächte) genannt.[226] Nach germanischem Volksglauben stand am Tag des «Julfestes» (Wintersonnenwende) das Sonnenrad still;[227] Sol-stitium heisst Sonnen-stillstand. Diesen scheinbaren Stillstand der Sonne (resp. des Ortes an dem sie aufgeht) können wir selber gut beobachten, er dauert etwa 12 Tage. Da die Germanen ja die Nächte und nicht die Tage zählten, spricht man von den «Zwölf Nächten». Wenn die Sonne wieder sichtbar höher stieg, so war damit der Beweis erbracht, dass die Lichtkräfte über die Dunkelkräfte gesiegt hatten.[228] Das dann gefeierte «Julfest» hiess altnordisch «Joel», friesisch «yule»; diesem Wort entstammt das englische «wheel» (Rad),[229] ein Hinweis dafür, dass sich auch das Julfest auf das Sonnenrad bezieht.

Vom germanischen Julfest sind nur wenige Beschreibungen erhalten, doch aus den im Mittelalter und zum Teil heute noch praktizierten Bräuchen, lassen sich Rückschlüsse auf die grosse Bedeutung dieses Festes ziehen. In Schweden kommt der «Julgalt» (Weihnachtseber), der «Julbock» oder der «Jultupp» (Weihnachtshahn) auf den Tisch. Diese Tiere werden auch als Gebäck oder Brot hergestellt, bleiben in diesem Fall aber bis zum St.-Knut-Tag (13. Januar) unberührt auf dem Tisch stehen und werden erst dann verzehrt. Was davon übrigbleibt wird an die Haustiere verfüttert.[230] In vielen Häusern hing auch die «Julkeule» an einem Band über dem Tisch; wurde sie jemandem zugespielt, so musste der Betreffende trinken.[231] Eber, Bock und Hahn waren seit jeher beliebte Opfertiere für die nordischen Götter.

Auf schwedischen Kalendern aus heidnischer Zeit wird die Mittwinterzeit als «Wonnezeit» bezeichnet[232] (→ Saturnalien). In Ödenburg beim Neusiedler See nennt man Weihnachten heute noch: «Dickbauch-» oder «Vollbauchabend».[233] Zu Beginn des 13. Jahrhunderts wird vom Mittwinterfest bezeugt, dass «dies Fest für das Keimen und für einen guten Jahrwuchs» gefeiert werde[234] (also Fruchtbarkeitsritus). Noch im Jahre 1530 wurden in Wurmlingen (Württemberg) alljährlich ein dreijähriger Stier und drei gemästete Schweine feierlich getötet und verspeist. Die Haut des Stieres und der Kopf eines der Schweine spielten dabei eine besondere zeremonielle Rolle. Für diesen Anlass wurde auch dreierlei Brot gebacken und verspeist[235] (→ Oktoberreiten in Rom: auch dort spielten der Kopf und Schwanz des geopferten Pferdes eine wichtige Rolle; um den Kopf wurde gekämpft). Schon im Jahre 640 hatte der Bischof von Noyon verordnet, dass niemand an den Kalenden (Monatsersten) des Januar mehr «die Scheusslichkeit besitzen sollte, Kälbli, Haselein oder andere Teigwaren anzufertigen»; auch von «Götzenbildern aus geweihtem Mehl und süssem, hefelosem Teig» ist die Rede[236] (→ Weihnachtsgebäck).

Bei den Germanen muss das Mittwinterfest mit Pferde-

und Wildschweinopfern begangen worden sein und unsere Vorfahren scheinen sich um diese Zeit in die Felle der geschlachteten Tiere gekleidet zu haben (→ Luperkalien), denn in einem päpstlichen Erlass aus dem 6. Jahrhundert heisst es: «Wenn jemand zu den Kalenden des Januar sich in eine Hirschhaut oder Kalbshaut steckt und sich in die Felle der Haustiere vermummt und Tierköpfe aufsetzt (→ Fastnacht), der soll drei Jahre Busse tun, weil der dämonisch ist».[237] St. Pirmin († 754) sagte in einer Predigt: «Man soll euch nicht mehr wie Hirsche und alte Frauen verkleidet die Strassen laufen sehen.»[238]

Vom 25. Dezember wissen wir, dass er bei den Ägyptern, Syrern, Griechen und Römern der Geburtstag des Sonnengottes war. Die älteste bekannte Aufzeichnung über den Lichtgott Mithras ist rund viertausend Jahre alt, sie wurde zu Beginn dieses Jahrhunderts im einstigen Hattusa, der Hauptstadt des kleinasiatischen Hethiterreiches gefunden.[239] Diese Religion besagt, dass Mithras der Mittler zwischen dem Menschen und dem höchsten Gott ist. Vor allem dadurch wurde der Mithraskult zum Hauptrivalen des jungen Christentums, das diesen nachdrücklich verfolgte. Um das Jahr 250 n. Chr. stand dieser Kult im Abendland in höchster Blüte. Die Mithras-Heiligtümer (Mithräen) bei Heidelberg, Dieburg, Trier, Osterburken und Saalburg zeugen davon. Mit Konstantin dem Grossen (288–337 n. Chr.) begann sein Untergang. Mithras, dessen Geburt am 25. Dezember aus einem Felsen stattfand, tötete den Urstier, dessen vergossenes Blut zum Quell des Lebens wurde. Die Liturgie des Mithras besass unter anderem eine Taufe durch Untertauchen; Fasten; ein Opfermahl mit Wein und Brot (vielleicht mit Fleisch und Blut).[240]

Nicht nur die Germanen, auch die Griechen und Römer,

haben um die Mittwinterzeit grüne Pflanzen besonders beachtet. Denn jenen Pflanzen, die sogar im Winter grünen und der Todesstarre der Zeit trotzen, schrieb man eine besondere Lebenskraft zu. Das französische Wort «étrenne» (Neujahrsgeschenk) hat seine Wurzel im lateinischen «strennus» (kräftig). «Strena» hiess der den Römern in dieser Mittwinterzeit bedeutsame Efeuzweig. Auch die Mistel, die jetzt hoch oben in den kahlen Wipfeln grünt, spielte bei den Römern und auch bei den Germanen eine wichtige Rolle. Plinius der Ältere (24–79 n. Chr.) schreibt, dass die Druiden (germanische Priester) am sechsten Tag (7. Nacht) nach dem Neumond zur Wintersonnenwende unter einer Eiche – auf welcher eine Mistel wächst – Vorbereitungen für ein Opferfest treffen. Weissgekleidete Priester führen zwei weisse Stiere an diesen Ort. Einer der Priester klettert auf den Baum und schneidet mit einer goldenen Sichel die Mistel ab, die in einem weissen Tuch aufgefangen wird. Die beiden Stiere werden unter Gebeten geopfert.[241]

Von den Druiden berichtet Cäsar,[242] dass sie eine Priesterkaste seien, in der manche vornehmen Jünglinge zwanzig Jahre lang in vielen Dingen unterwiesen werden. Er schreibt wörtlich: «Sie erörtern vieles über die Gestirne und deren Lauf, über die Grösse der Welt und der Erde, sowie über das Wesen der Dinge, über die Macht und Befugnis der unsterblichen Götter und teilen es der Jugend mit.» Ihre «heidnische» Religion lehrte das Walten einer Vorsehung, die Unsterblichkeit der Seele und wahrscheinlich auch die Seelenwanderung (Wiedergeburt).[243]

Die Mistel wird heute auch «Donnerbesen», «Hexenbesen», «Kreuzholz» genannt und gilt als magisches Abwehrmittel gegen Blitz, Krankheiten und Verhexen. Auch heute darf, z.B. im Kanton Aargau, die Mistel den Boden nicht berühren, wenn sie gepflückt wird. Der Brauch, die Räume zur Weihnachtszeit mit Mistelzweigen zu schmücken, lebt heute wieder auf. Ein Mädchen, das sich unter einem aufgehängten Zweig aufhält, darf geküsst werden (→ Johannistag in Clausthal).

Der alte Brauch, sich zur Winterszeit mit Hilfe grüner Pflanzen des neuen oder immerwährenden Lebens zu versichern, dürfte die Grundlage für unseren Weihnachtsbaum sein. Schon ums Jahr 1494 legte man grüne Zweige, meist Tannenäste, Stechpalmen oder Buchs in die Stube.[244] Um 1508 wetterte ein Geistlicher im elsässischen Kaysersberg gegen die Unsitte «Tannreis in die Stube zu legen und einander Gaben zu schicken».[245] Im Jahre 1605 wird zum erstenmal ein «herausgeputzter Tannenbaum» erwähnt, doch in einer Schlettstatter Chronik werden «Weihnachtsbäume» schon früher erwähnt, und 1555 wird deren Abhauen verboten.[246] Ein spanischer Bischof verbot aber bereits vor 580 den eingewanderten Sueven (Schwaben) ihre heidnischen Weihnachtsbräuche wie: «... mit dem Grün der Bäume die Häuser zu umgeben oder zu bekränzen.»

In einigen Gegenden Deutschlands wird der Tannenbaum mit dem Wipfel an der Zimmerdecke aufgehängt, so dass er sich drehen kann. Diese hängenden Bäume nennt man «Welt», «Unruhe der Welt» oder «Himmel», was ein Hinweis auf den «Weltenbaum» oder «Lebensbaum» sein dürfte, den praktisch alle Völker der Erde kennen und verehren. In Österreich darf ein «richtiger Weihnachtsbaum» nur mit roten Äpfeln, roten Kerzen und Backwerk behangen sein. Dies erinnert uns an die germanische Göttin der ewigen Jugend (→ Iduna), aber auch an die goldenen Äpfel des «Baums der Hesperiden» und an die Edelsteine, die der babylonische und der japanische Weltenbaum trägt.[247] So, wie der Weltenbaum seine Wurzeln in der Unterwelt verankert und seine Krone in den Himmel streckt, können wir auch das Zeichen Steinbock, das des Ziegenfisches, verstehen (vgl. Achse Krebs-Steinbock).

Ein Vorläufer unseres Christbaumes mag das «Paradeisl» gewesen sein, ein lichtergeschmückter Zweig, der auf die «Paradiesspiele» des Mittelalters zurückgeht. Auch er hängt mit dem Lebensbaum zusammen (Genesis 2, 9). Im Erzgebirge kannte man die «Weihnachtspyramide», eine hölzerne, stilisierte Pyramide, die mit Äpfeln, Tannzweigen und Kerzen geschmückt wurde.[248] Die vier sichtbaren Seiten der Pyramide entsprechen den vier symolischen Elementen: Feuer, Erde, Luft und Wasser; die unsichtbare fünfte Fläche, die Grundfläche, entspricht dem Äther, dem unsichtbaren fünften Element, das die Basis der sichtbaren Wirklichkeit ist (Quinta essentia).

Neben Weihnachtsgebäck in Stern-, Mond-, Kreis- und Herzform finden wir in der Schweiz und in Deutschland auch Darstellungen von Schweinen, Hirschen, Böcken, Sonnen. Im alemannischen Raum werden zu St. Nikolaus die sog. «Grettimänner» («Grättimaa», «Grittibänz», «Grattelmännle») hergestellt, ein süsses Brot in Form eines Männchens. Das Wort «Gretti» geht auf das mittelhochdeutsche «greten», die Beine spreizen, zurück, was sich auf die Form des Gebäcks bezieht. Im Bernbiet wird ein alter (watschelnder) Mann noch heute als «Gritti» bezeichnet. Ein «Bänz» kann in der Innerschweiz sowohl ein Schaf, wie auch eine Gabe sein, etwas das man mitbringt,[249] früher vielleicht opferte. In der Pfalz gibt es ein «Gebildebrot» in Menschengestalt, welches «Dampe-Dei» genannt wird, wobei «Dei» mit «Gedeihen» zusammenhängt.[250] In dieser Jahreszeit wurden auch Kuchen gebacken, die einen Reiter oder einen einzelnen Mann mit einer Lanze darstellten (Wodan).[251] Im Innerschweizer Kanton Uri werden «Chüechli» gebacken, von denen man auch den Tieren zu fressen gibt[252] (→ St.-Knut-Tag). Der Brauch, dem Vieh in der Weihnachts- oder Neujahrsnacht eine doppelte Futterration zu geben, ist ebenso weit verbreitet wie der Glaube, dass um Mitternacht die Tiere miteinander sprechen und dabei belauscht werden können.[253] Vom «Christstollen» schrieb um das Jahr 1400 der Benediktinermönch Alsro in Prag, «... dass leider in einigen Gegenden die Christen dies Brot schneiden, damit in den Nächten die Götter kommen und mitessen».[254]

In Island war noch zu Beginn dieses Jahrhunderts der Glaube verbreitet, dass in der Neujahrsnacht die Lebenden von den Toten besucht würden. Diese «Julgeister» wurden gastlich empfangen, man stellte ihnen Essen und Betten bereit und selber schlief man auf dem «Julstroh». Am folgenden Morgen wurde mit Birkenreisern (→ Lebensrute) jeder Winkel im Haus ausgeschlagen, um die Seelen zu vertreiben.[255] Den gleichen Brauch kennt man – kurz vor Allerseelen – in Irland und Russland (Gründonnerstag).[256] Im Tessin legte man den Hausgeistern Brot und Messer auf den Tisch.[257] Der bösen Mächte wegen liess man am 6. Januar in Belgien den ganzen Tag über das Licht brennen, man stellte den Toten Speisen hin oder liess den Rest des Essens «für die Engel» stehen.[258] In Deutschland legte man «für Frau Percht» (→ Perchta) Nudeln auf das Dach und räucherte Haus und Stall aus.[259]

Wir sind in der dunkelsten Zeit des Jahres, die Nächte dauern jetzt rund sechzehn Stunden, und in diesen langen, unheimlichen Nächten haben die Dämonen und Geister die grösste Macht über die Lebenden. Das «wilde Heer» zieht um, das «Wutsheer», das «Wütesheer» (Wuotan), das

«Nachtvolk», das «Totenvolk», die «Odinsjagd»; oder Frau Holle und Perchta ziehen mit ihrem Gefolge durch die Lüfte. Die «Zwölf Nächte» zwischen Weihnachten und Dreikönig nennt man die «Zwölften», die «Zwischennächte» die «Gebnächte», die «Rauhnächte», die «Rauchnächte». Sie entsprechen dem zwölftägigen scheinbaren Stillstand der Sonne. Sie dienen als «Los-Tage» (Orakeltage, Zinngiessen) für Wetter und Schicksal in den kommenden zwölf Monaten. Das Abschiessen von Feuerwerk und Raketen gehört zu den Lärmbräuchen, mit denen die Dämonen verscheucht werden sollen.

In Österreich ziehen in der «Rauhnacht» (vor Dreikönig) weissvermummte Gestalten schweigend umher, ein Schimmelreiter (Odin) bildet den Mittelpunkt dieser Umzüge.[260] Auch am Stephanstag (26. Dezember) finden Umritte statt, oft tragen die Gestalten Strohkleider, Pelzstücke oder Hörner[261] (→ Fastnacht). In der Schweiz ziehen «Schnabelgeissen» und «Stüpfnasen» (Spitznase, → Perchta) um. In Altdorf und Ennetmoos fährt nach dem Volksglauben die «Grosskellerin» (Keller gleich Unterwelt) mit Ross und Wagen daher, rauscht und wütet auf einem Bach berg*aufwärts* (gegen die natürliche Ordnung), lockt junge Gespenster an und zieht als Sturmdämon über die Berge.[262] Auch die «Mehlhexe», die «Haggen-Nase», die «Haggerin», das «Strudeli» und «Strätteli» treiben ihr Unwesen. Die beiden zuletzt genannten Hexen haben glühende Augen (inneres Licht), einen zottigen Pelz, Höcker auf Brust und Rücken, eine Geiernase und lange Fingernägel[263] (→ Begleiter des St. Nikolaus). In der Innerschweiz zieht die «Sträggele» (Strega, ital.: Hexe) mit dem «Türst» (Riesen) um. Sie raubt unfolgsame Kinder, zerfleischt sie in der Luft, bestraft faule Spinnerinnen und rächt sich an denen, die mit Lärmgeräten ihrer spotten[264]

(→ Perchta, → Nikolaus). Vielerorts verspricht man sich von dem Treiben dieser Schreckgestalten allerdings auch einen Vorteil. Denn dort, wo sie auf ihrem nächtlichen Zug durchbrausen, wächst im nächsten Jahr das Gras höher und tragen die Bäume saftigere Früchte (Fruchtbarkeitsdämonen).

Was die meist recht üppigen Weihnachts- und Neujahrsessen betrifft, so wissen wir, dass schon in der römischen Kaiserzeit an Sylvester und Neujahr übermässig viel gegessen und getrunken wurde. Im Dezember feierten die Römer die «Saturnalien». Am letzten Tag dieses siebentägigen Festes waren die Standesunterschiede aufgehoben, der Sklave wurde von seinem Herrn bedient. Man beschenkte sich gegenseitig und feierte üppige Gelage. Die römischen Soldaten in Durostorum, an der untern Donau, losten einen aus ihrer Mitte aus, der in königliche Gewänder gekleidet wurde, damit er dem «Saturnus» gliche. Dreissig Tage lang hatte er das Recht, Befehle zu erteilen, seinen Leidenschaften freien Lauf zu lassen und jedes Vergnügen zu geniessen (Prinz Karneval). War diese Zeit um, so musste er – auf dem Altar des Gottes Saturn, den er verkörperte – sich selber zum Opfer darbringen, indem er sich die Kehle durchschnitt.[265]

Solche Königsopfer scheinen in vielen Kulturen praktiziert worden zu sein. Auch im Königreich Calikut, an der westindischen Malabarküste, wurde der König nach zwölf Jahren geopfert und zwar immer dann, wenn der Planet Jupiter im Zeichen Krebs stand. Auch skandinavische Überlieferungen enthalten Andeutungen, dass in alter Zeit die schwedischen Könige neun Jahre regierten und dann entweder getötet wurden oder einen Stellvertreter finden mussten, der an ihrer Stelle starb.[266] Auch wenn heutzutage Regierungswechsel und Umstürze vielfach unblutig vonstatten gehen, sind sie – in der Art und Weise der Durchführung – oft nicht weit von solchen, sogenannten barbarischen Sitten entfernt (→ heidnischer Held).

Königsopfer werfen ein neues Licht auf den in der Schweiz wieder auflebenden Brauch des «Dreikönigs-Kuchen», in den ein Los, eine kleine Königsfigur oder eine Erbse eingebacken ist, und den, der es erwischt, für den betreffenden Tag zum König macht. Derselbe Brauch ist in Deutschland als «Bohnenkönigsfest» bekannt (→ Bohnen, Hülsenfrüchte). Von diesem Fest stammt auch die alte Redewendung «das Bohnenlied singen», was gleichbedeutend ist mit «Abschied nehmen». Das «Bohnenlied» ist ein sehr altes Volkslied, das an diesem Fest gesungen wurde.[267]

Ein anderer Fruchtbarkeitsritus hat den «Weihnachtsklotz» oder das «Julholz» zum Gegenstand und war bis zur Mitte des 19. Jahrhunderts in manchen Gegenden Mitteldeutschlands, in vielen Provinzen Frankreichs, in Flandern, England und bei den Südslawen verbreitet; man findet ihn heute fast nur noch in der Provence.[268] Nach Versen aus dieser Gegend stellt er ganz eindeutig einen Fruchtbarkeitszauber dar. Der Holzklotz musste fast überall von einer Eiche (sie ist dem Thor/Donar heilig), in gewissen Gegenden von einem Obstbaum, stammen. Zumeist wird der «Julklotz» feierlich ins Haus gebracht[269] und am Heiligen Abend angezündet. Der verkohlte oder angesengte Block schützt vor Blitz, Feuer, Hagel und Teufel (Donar ist Wettergott), hilft den Kühen beim Kalben, schützt das Vieh vor Krankheit, den Weizen vor Mehltau; er vertreibt das Ungeziefer, und seine Asche oder Kohle fördern die Fruchtbarkeit der Felder.[270] In Skandinavien ist der «Julblock» ein besonderes Feuer, das die ganze Weihnachtsnacht hindurch brennen muss.

Zu Beginn der Steinbock-Phase steht die Sonne scheinbar

still. In den «Zwölf Nächten» – der Zeit zwischen den Zeiten – ist die Ordnung der Welt in Frage gestellt. Nachdem die Sonne, durch Lichter und Lebensbäume «unterstützt», wieder sichtbar gesiegt hat, muss dies gefeiert werden. Anschliessend kann das geordnete Leben wieder seinen Lauf nehmen. Sowohl jetzt zur Wintersonnenwende, wie zu Beginn der Sommersonnenwende im Krebs, wird die Fruchtbarkeit beschworen, wird den Göttern geopfert.

WASSERMANN

21. Januar bis 19. Februar

In der Wassermann-Phase lastet der Winter schwer auf der Natur, doch tief unter dem Schnee bereitet sich das neue Leben vor, um bald wieder in Erscheinung zu treten. Zu Beginn der Steinbock-Phase hat die Sonne ihren Lauf gewendet und steigt nun erneut «himmelwärts». Am 2. Februar ist der Tag schon eine ganze Stunde länger. Durch das Ausgiessen ihrer «Lebenskraft» auf die Erde löst die Sonne in den Pflanzenkeimen eine neue Aktivität aus. Wie in der Stier-Phase beginnt wieder eine alchimistische Tätigkeit: die Wurzeln ziehen «Lebenswasser» aus dem Boden und pumpen es in die leeren trockenen Stengel. Gegen Ende der Wassermannzeit ist der Saft in den Bäumen bereits bis in die Äste hochgestiegen.

Im Menschenleben vollzieht sich in diesem Abschnitt idealerweise die Loslösung von allen Verpflichtungen. Ob der Mensch mit der nun stattfindenden Befreiung etwas anfangen kann oder nicht, hängt von seinem erworbenen Wissen, von seinen Einsichten und der Einstellung ab, die er zu seinen Lebenserfahrungen einnimmt. Er hat nun die Möglichkeit, anderen helfend beizustehen, indem er auf seine Erfahrungen zurückgreift. Wo bei der Pflanze der neue Saft schon unsichtbar aufbauen hilft, verlangsamt sich beim Menschen der Blutkreislauf, und auch seine Körperfunktionen reduzieren sich.

In Griechenland entspricht «Deukalion» dem Wassermann. Wie der biblische Noah hat auch er in seiner Arche eine neuntägige Sintflut (vgl. Schwangerschaft) überlebt und gilt daher als Stifter des neuen Menschengeschlechts. In diese Phase gehört auch die Sage vom Kind «Ganymedes», das von Zeus in Adlergestalt auf den Olymp entführt wurde. Hoch oben zwischen Himmel und Erde liess es sein Wässerchen laufen. Den Namen «Ganymedes» für das Sternbild des

Wassermanns finden wir bereits bei römischen Autoren. Auf römischen Darstellungen des Zodiaks wurde dieses Stern*bild* oft als Gans oder Pfau abgebildet,[271] was auf den ersten Blick keinen Bezug zum Wassermann aufzuweisen scheint. Nun waren diesc beiden Vögel aber der Hebe/Juventas heilig, die «Spenderin des Nektars» und weiblicher Mundschenk der Götter war. Nur Zeus/Jupiter hatte seinen persönlichen Mundschenk: den entführten Ganymedes! So wird die scheinbare Bezugslosigkeit des Pfaus plötzlich inhaltsreich und folgerichtig.

Andere bis ins Mittelalter gebräuchliche Bezeichnungen für dieses Stern*bild* sind: Amphora, Brunneneimer, Topf, Wassergiesser, Wasserschöpfer, Ausschenker, Heim des fliessenden Wassers, Wasserfluss, Wasserfall usw.[272] All diesen Bezeichnungen ist gemeinsam, dass ihnen die Vorstellung von bewegtem, fliessendem Wasser zugrunde liegt, sie haben somit einen symbolischen Bezug zur Idee des göttlichen Mundschenks (→ Gedankenverbindungen einst und jetzt). Wie im Märchen werden hier ganz verschiedene Namen symbolisch für die gleiche Sache, nämlich für das fliessende, göttliche Wasser, verwendet. Unserem heutigen Denken (das ableitend arbeitet) ist dieses analoge Denken (in sinngemässen Entsprechungen) zunächst fremd. Alle Zusammenhänge in Symbolik und Mythos können wir aber nur von dieser Seite her verstehen.

Eine Bauernregel besagt: «Bis Fabian-Sebastian (20. Januar) muss der Saft in die Bäume gahn», und in vielen Gegenden darf nach diesem Termin kein Holz mehr geschlagen werden.[273] Zu Recht, denn wenn man Ende Januar die Rinde anritzt, so zeigt sich, dass der Saft schon fliesst, obwohl Bäume und Sträucher noch völlig leblos erscheinen. Überall auf dem Land finden wir einen Spruch, der mit kleinen

Abwandlungen feststellt, dass die Tageslänge seit Weihnachten stets zugenommen hat: «... bis Neujahr um ein Mükkengähnen, bis Lichtmess (2. Februar) um einen Hirschensprung.»[274] Der Leitspruch an Mariä Lichtmess heisst: «Das ist der Tag, an dem man die Kerze in die Hand nimmt.» Schon im 5. Jahrhundert wurde dieser Tag durch Kerzenweihe und Umgänge mit brennenden Kerzen gefeiert,[275] vielleicht um das zunehmende Licht zu unterstützen. Die Athener haben um diese Zeit die «Diasien» gefeiert, das Hauptfest des Zeus, und die alten Römer feierten die «Carmentalien», ein Fest zu Ehren der Quellgöttin Carmenta,[276] die später zur Beschützerin gebärender Frauen wurde.[277] Lichtmess findet, als ursprünglich geheimes Fest, vierzig Tage nach der Wintersonnenwende statt.

Der byzantinische Geschichtsschreiber Prokop berichtete um 500 n. Chr. von der grossen Sehnsucht der Nordländer nach der Sonne. Nach der langen «Winternacht» (die fast ein halbes Jahr dauerte) sandten die Bewohner der nördlichen Breiten Boten auf die Spitzen der Berge, die nach der Sonne Ausschau halten mussten. Wenn sie diese endlich wieder erblickten und mit der freudigen Nachricht zurückkamen, brach grosser Jubel aus.[278]

Für die Römer war der «Februarius», als letzter Monat des Jahres, der Reinigungsmonat. Am 27. Februar fanden, zu Ehren des Gottes Mars, Pferderennen und eine rituelle Reinigung und Weihe der Pferde statt: «Equirria», vor dem Sommerfeldzug.[279] Um den 15. Februar wurden auf dem Palatin, einem der sieben Hügel Roms, die «Luperkalien» gefeiert. Der Gott «Lupercus» (lat. lupus = Wolf) besitzt eine Wesensverwandtschaft mit dem Herdengott Faunus/Pan, dem Gott der animalischen Befruchtung und Fruchtbarkeit. An den «Luperkalien» wurden ihm Ziegen und Hunde geopfert und seine Priester (die «Luperci») liefen, nur mit dem Fell eines geschlachteten Bockes bekleidet, um den palatinischen Hügel herum und schlugen die ihnen entgegenkommenden Frauen mit einem Fellstreifen der Opfertiere.[280] Diese Schläge sollten Fruchtbarkeit und leichte Entbindung bringen. Die «Luperkalien» galten als Sühne- und Reinigungsfest, lassen sich aber an ihren Gebräuchen unschwer als Fruchtbarkeitsfest erkennen. Im Jahre 494 wandelte Papst Gelasius dieses Fest um in «Mariä Reinigung» (Lichtmess). Vielerorts bedeutet «Lichtmess» das Winterende und den Wiederbeginn der Feldarbeit.

Die im alemannischen Raum üblichen Bezeichnungen «Fasnacht», «Fasnet», «Fastnacht», «Faselnacht» leiten sich vom alten Wort «Faselzeit» her. Das frühhochdeutsche Wort «faseln» bedeutet: gedeihen, fruchtbar sein. Im Rheinland heisst «gut faseln»: viel Kinder haben. Ein «Faselhengst» ist ein junger Zuchthengst, bekannt sind auch die Bezeichnungen «Faselschwein» und «Faseltier». Das Wort «Fasching» taucht im 13. Jahrhundert zuerst als «vas(t)-schanc» auf und bedeutet eigentlich «Ausschenken des Fastentrunkes», ursprünglich wohl eher des «Fasel-Trunkes».

Für die Herleitung des erst im 17. Jahrhundert gebräuchlichen Wortes «Karneval» gibt es zwei Erklärungen. Die eine leitet es vom lateinischen «Carne levale» her, der Fleischwegnahme (während der Fastenzeit); die andere aus «carrus navalis» (lat. Schiffswagen). Denn zur Zeit der römischen Besatzung wurde am Niederrhein ein germanisches Fest zu Ehren der «Nehalennia», der Göttin des Schiffbaus und der Fruchtbarkeit, gefeiert.[281] Dabei wurde ein Wagen mit einem darauf ruhenden Schiff feierlich zur Scheldemündung gezogen. Auch am zweiten Tag der griechischen «Anthesterien», einem Fest zu Ehren des unterweltlichen Fruchtbarkeitsgottes «Dionysos», wurde dieser Gott auf einem Schiffskarren von zwei Satyrn durch Athen gezogen.[282] Noch im Jahre 1133 fuhr ein hölzernes Schiff auf Rädern von Cornelimünster über Aachen nach Looz. In jenen Orten, in denen das Schiff hielt, erfasste die Frauen eine ekstatische Wildheit; im ausgehenden Mittelalter waren die «gesetzlosen» Narren oft auf einem Schiff abgebildet (→ Narrenschiff).[283] Gesetzlos heisst hier einfach, ausserhalb der *menschlichen* Gesetze und Ordnungen stehend (→ Hexe, Hagazussa, Haberfeldtreiben, Larven, Masken, Rügerecht).

In den Fastnachtsbräuchen finden wir Überreste der römischen Saturnalien (→ Dreikönigskuchen, Bohnenlied, Prinz Karneval), von Totenbräuchen, Dämonenabwehr (Vermummung und Lärm), vom «Totaustragen» (→ Fische) und von mittelalterlichen Bräuchen des Militär- und Zunftwesens. Die letzteren können aber auch auf den römischen «Liberalien» beruhen, einem Fest das am 17. März stattfand und an dem unter anderem die Jünglinge die «Toga virilis» erhielten, zum Zeichen der Männlichkeit. Zur Fastnachtszeit finden wir überall auch das Schlagen oder «Streichen» mit der Rute, der Narrenpritsche oder der Schweinsblase, dies alles sind Fruchtbarkeitsriten. So zogen in der Altmark am Fastnachtsabend die Knechte mit Musik von Hof zu Hof um mit Birkenreisern zuerst die Hausfrau, dann die Töchter und zuletzt die Mägde zu «stäuben» (stoupan = schlagen). Dafür wurden sie mit Schnaps, Wurst, Eiern und bebänderten Sträussen belohnt.[284] Im Jahr 1599 wurde in der Herrschaft Lauenstein das «Kindeln» oder «Dingeln» verboten, «da die grossen, starken Knechte den Leuten in die Häuser laufen, die Mägde und Weiber entblössen und mit Gerten oder Ruten hauen».[285]

Der Brauch, sich zu maskieren, hat seinen Ursprung sicher

in der Absicht, sich unkenntlich zu machen, damit einen die bösen Geister nicht erkennen können;[286] ohne Frage spielt aber auch der Wunsch mit, seine eigene Person zu wechseln, sich ausserhalb der gewohnten Ordnung aufzuhalten. Das Wort «Larve» leitet sich vom römischen «larva» (Gespenst, böser Geist) ab. Der Luzerner Chronist Renward Cysat (1545–1614) spricht von den Maskierten als «sälig Volck», andererorts nennt man sie das «Wuotinsheer».[287] Der Maskenträger (lat. larvatus) galt den Römern als ein von «larvae» Besessener.[288] «Masca» scheint ursprünglich ein Wort für verhüllte Wiedergänger (→ Hülsen) gewesen zu sein, die sich an der «Lebenssubstanz» von Menschen gütlich taten. In frühangelsächsischen Glossen wurde «masca» mit «grîma» (Larve) gleichgesetzt.[289] Das uns als «Blätzlibajass», «Blätzlebueb» bekannte Fastnachtskostüm, der Bajazzo, wurde schon von römischen und griechischen Mimen und Narren getragen.[290]

Fast überall steht in der Fastnachtszeit den Maskierten das «Rügerecht» zu: Fastnachts-Zeitungen, Bänkelsingen, Volksgerichte, auch «Heische-Bräuche», sind oft anzutreffen. In diesen Zusammenhang gehört das bayrische «Haberfeldtreiben», eine Art Volksjustiz, die durch Verkleidungen und Lärm jedoch auch einen deutlichen Bezug zum «Wütesheer» aufweist. Es kam dabei oft zu böswilligen Zerstörungen (Dachabdecken; Fenster einschlagen; Zäune zerstören, die Grenze zwischen Dies- und Jenseits, zwischen Ordnung und Chaos überschreiten; das Haferfeld zerstampfen).[291] An der Basler Fasnacht finden wir heute noch jedes Jahr, mehr oder weniger mutwillig eingeworfene Fensterscheiben. Dem «Haberfeldtreiben» entsprach der französische «Charivari» des wilden Jägers Hellequin. Charivari wird mit Katzenmusik, Lärmen, Poltern (Polterabend) übersetzt. Aus dem

Namen «Hellequin» ist später der «Arlequin», Harlekin, geworden. Noch im 15. Jahrhundert kam es bei den «Charivaris» oft zu Mord und Totschlag.

Als im Jahre 1477 in den meisten Orten der Eidgenossenschaft grosse Fasnacht gefeiert wurde, zogen plötzlich an die 700 Gesellen von Zug aus nach Genf, weil sie noch Geld von den Burgunderkriegen zu gut hatten. Sie wollten dort – mit Gewalt – «das versprochen gellt reichen, dass sy noch lenger fassnacht hatten»;[292] dieses Ereignis ist unter dem Namen «Saubannerzug» bekannt. Dieses Banner war jenes der Zuger Schützen- und Fasnachtsgesellschaft. Eben falls von einem Maskentreiben ging ein Überfall der Schwyzer aus, der dem Kloster Einsiedeln galt. Dort durchliefen sie das Klostergebäude, in dem sie alles zerstörten und den Keller leertranken.[293] Auch die «Heimsuchungen» waren ein alter, volkstümlicher «Rechtsbrauch» der Eidgenossen, der unter die «Heischebräuche» gehört. Vor allem zu Fasnacht, aber auch an Ostern, fand das «Klosterstürmen» statt, und die Kloster- oder Pfarrherren mussten die eindringende Menge mit Speis und Trank bewirten.[294]

Zu Beginn der geschichtlichen Zeit soll die Phase des Wassermanns die Zeit der Eheschliessungen gewesen und durch kultische Tänze eingeleitet worden sein, damit sich die passenden Partner zusammenfinden konnten.[295] Im griechischen Monat «Gamelion», der noch in den Januar reicht, wurde in Athen das Fest «Hieros Gamos», die heilige Hochzeit von Zeus und Hera, gefeiert. Im zweiten Buch Samuel (6, 14) ist Davids Tanz vor der Bundeslade beschrieben. Im Mittelalter, vor allem in romanischen Ländern, wurde der Tanz auch im christlichen Kult geübt; so wurde z. B. die Hostie und auch die Wiege mit dem Jesuskind umtanzt und noch um 1930 tanzten Knaben, nach Fronleichnam, in der

Kathedrale zu Sevilla.[296] Von der Insel Delos ist ein Labyrinth-Tanz überliefert, und auf Ceram (Molukken) ist vor wenigen Jahren noch ein solcher durchgeführt worden.[297] Bei Fruchtbarkeitstänzen, bei Jagd- und Kriegstänzen wird Kontakt mit dem Göttlichen aufgenommen, Verbindung mit dem Numinosen gesucht. Dass der Tanz göttlichen Ursprungs ist, zeigt sich unter anderem am indischen «Shiva-Nataraja», der tanzenden Erscheinungsform des Shiva, dessen Tanz die Welten erschafft, erhält und auflöst (→ Moiren, Parzen, Nornen). Die Natur und all ihre Geschöpfe sind Auswirkungen seines ewigen Tanzes.[298] Auch für Plato hatte der Tanz eine göttliche Herkunft. Zuerst war er Zeichen und Symbol und vermittelte eine Botschaft; die Bewegung zeigt die Ergriffenheit durch das Göttliche an.[299] Dass heute die Faschingszeit eine ausgesprochene Tanzzeit ist, könnte sich wirklich auf eine alte kultische Tanzzeit zurückführen lassen, in der – durch den Tanz in dieser Jahreszeit – versucht wurde, eine Verbindung zwischen Himmel und Erde zu schaffen, wie es auch durch all die Bezeichnungen für dieses Stern*zeichen* angedeutet ist.

Im Mittelalter waren in den deutschen Städten Fastnachtsspiele üblich, sie wurden anlässlich der Umzüge aufgeführt. Verkleidete spielten kurze Szenen aus dem lokalen Alltag. Beliebt war die Darstellung von Gerichts- oder Hochzeitsszenen und die Verspottung verschiedener Berufsstände[300] (→ Rügerecht).

In Basel kommt, jeweils etwa vier Wochen vor Fasnachtsbeginn, der «Wild Maa» (Wilde Mann) als Frühjahrsbote (→ Luperkalien, Pan, Pfingstl), von Böllerschüssen begleitet, auf einem Floss den Rhein hinunter gefahren (Wasser bringt den Vegetationsgott). In der Stadtmitte, am Kleinbasler Ufer, wird er vom «Vogel Gryff» und vom «Leu» (Löwen) erwartet. Interessanterweise finden wir hier drei von den vier Symbolen, aus denen sich der babylonische Sphinx zusammensetzt (→ Basilisk, der auch Schildhalter des Basler Wappens ist). Der Greif kann sowohl dem Tierkreis-*Zeichen* Skorpion, wie auch dem des Wassermanns entsprechen; der Löwe entspricht «sich selber» und der «Wilde Mann» – als Fruchtbarkeitssymbol – dem Stier.

Die Durchführung mancher dieser Bräuche war und ist mit viel Lärm verbunden (Verfolgung des Nikolaus, Glokkenläuten, Hörnerblasen, Sprengen, Peitschenknallen, Trommeln, Schiessen, Katzenmusik, Feuerwerk). So beginnt in Basel die «Fasnacht» am Montag *nach* dem Aschermittwoch mit dem «Morgestraich». Die ganze Innenstadt liegt im Dunkel und Schlag vier Uhr ertönt überall ein ohrenbetäubendes Trommeln[301] und Pfeifen. Dann setzen sich die «Cliquen» und Gruppen in Bewegung. Die maskierten Gestalten tragen Lämpchen und schöne, originell bemalte Laternen mit sich. Während sich für den «Morgestraich» ein jeder nach Lust und Laune verkleidet, man nennt das «Charivari», tragen am Nachmittag, das heisst am Umzug, die Cliquen einheitliche Kostüme, die auf lokale Ereignisse des vergangenen Jahres anspielen (→ Rügerecht). Im Schwarzwald (Hausach) wird am Fastnachtsmontag das «Unheil vertrieben». Um fünf Uhr in der Früh veranstaltet die Jugend eine schreckenerregende «Katzenmusik»[302] (was man mit «Charivari» übersetzen würde).

Erstaunlicherweise finden wir bei den nordamerikanischen Indianern ganz ähnliche Bräuche. Im letzten Februardrittel feiern sie ein Fest, das «Ononhouarori» genannt wird. Hier eine Schilderung: «Die meisten Bewohner laufen aus ihren Häusern, auf jede mögliche Weise unkenntlich gemacht, durch Färbung des Körpers, durch bunte Lappen oder Federn, hauptsächlich aber durch Masken von Baumrinde oder Fell (in welche Löcher für Mund, Nase und Augen eingeschnitten sind). So gehen sie von Haus zu Haus, von Freund zu Feind, machen die närrischsten (oft sich und andern sehr schädliche) Streiche und treiben dies drei bis vier Tage lang. Oft verderben und zerschlagen sie alles, was ihnen in den Wurf kommt; sie treiben Possen in Menge; sie begiessen einander mit Wasser, mit Farbe; bewerfen einander mit glühender Asche und heissem Sand, und da sie in alle Hütten dringen, ist es beinahe unmöglich, ihnen zu entgehen. Wenn das Fest vorüber ist, bemüht man sich, den angerichteten Schaden auf alle mögliche Weise wieder gut zu machen»[303] (Charivari, Haberfeldtreiben).

Im alten Rom fanden am 1. März die «Matronalien» statt, ein Fest der Ehefrauen zu Ehren der «Juno Lucina» (Geburtsgöttin mit Bezug zum Mond, Gemahlin von Jupiter). In Griechenland sind einige der Frauenfeste mit «Demeter» verbunden, die in ihrer Trauer um die entführte Tochter (Persephone) durch die derben Scherze des Weibes «Baubo» (Bauch) aufgeheitert worden sei. Auch aus Russland sind Frauenfeste bekannt, bei denen es – unter Ausschluss der Männer – recht derb zugegangen sein soll.[304]

Im elsässischen Sundgau hiess der Fasnachtsmontag auch «Hirztag», «Hirschtag» oder «Tschäpperlemäntig» (Hut-Montag).[305] An diesem Tag hatten nur die Frauen das Recht, ein Wirtshaus zu besuchen, die Männer durften sich dort nicht zeigen. Tat einer dies doch, so wurde ihm der Hut gepfändet und er musste ihn gegen einige Schoppen Wein auslösen. Die Frauen kamen – oft maskiert – auf dem Marktplatz zusammen und erhielten aus dem Gemeindekeller zwei Fass Wein. Jeder Wirt und Bäcker musste ihnen einen Laib Brot liefern (→ Heischen), die Gemeindekasse spendete ihnen das Geld zum Ankauf eines Bockes. Dieser wurde den ganzen Tag mitgeführt und jeder, der des Weges kam, wurde gezwungen, um ihn herumzutanzen. In anderen elsässischen Dörfern trafen sich die Weiber schon am frühen Morgen im Ratshaus und hielten dort Gericht über sich selber. Beim anschliessenden Festschmaus wurden sie von Bürgermeister und Schultheiss bedient (→ Saturnalien). Anschliessend zogen die Frauen ins Wirtshaus und noch um 1910 war es streng verboten, vor Anbruch der Nacht nach Hause zu gehen. So hörte man bis tief in die Nacht hinein Geschrei und Gekreische aus dem Wirtshaus dringen.[306]

Den «Hirztag» bringt die Bevölkerung mit «hirzen», zechen, in Verbindung. Wahrscheinlich hat «hirzen» diese Bedeutung erst später erlangt. «Hirz» ist die mittelhochdeutsche Bezeichnung für «Hirsch». Dieses Tier aber war der Diana heilig. Sie ist die Göttin der Frauen, Mondgöttin (→ Diana Lucina) und «Herrin der Tiere». Seit jeher sind zu Ehren von ihr in ganz Europa orgiastische Frauenfeste (→ Walpurgisnacht) gefeiert worden. Sie wurde im Mittelalter – während der Hexenverfolgung – mit den Hexen gleichgesetzt, was auch den von den Frauen mitgeführten Bock erklärt.

In der Wassermann-Phase wird die geistige Lebenskraft gefeiert, zu deren menschlichen Äusserungen auch Sexualität und Fruchtbarkeit gehören. Das geistige Lebensprinzip wird sowohl im Wasser verehrt, wie auch durch Tänze beschworen. Die geistige, göttliche Ordnung, die dabei zutage tritt, entspricht nicht unbedingt unseren Vorstellungen, Wünschen und Gesetzen. Aus dieser Tatsache kann eine Umkehrung der gewohnten Ordnung resultieren.

FISCHE

19. Februar bis 21. März

In der Fische-Phase, die den Jahreskreislauf abschliesst, nimmt die Wärmestrahlung wieder zu. Eis und Schnee schmelzen. Die Knospen beginnen anzuschwellen. Die Todesstarre des Winters ist besiegt, das Leben ist wiedergekehrt und harrt der Geburt. In dieser Periode findet das unsichtbare körperliche «Werden» des Lebens statt, das in der nachfolgenden Widder-Phase sichtbar in Erscheinung tritt.

Der Mensch kehrt sich, erzwungen oder freiwillig, von der Welt ab und bereitet sich auf das Sterben vor. In der Wassermannzeit war die Fürsorge für den Mitmenschen noch angebracht, so hat der Mensch «dem Kaiser gegeben, was des Kaisers ist», nun kann er «Gott geben, was Gottes ist». Die Abkehr von der Welt ist – in dieser Lebensphase – also keine Interesselosigkeit, sondern eine notwendige Erfüllung der natürlichen Ordnung. So wie Plato die Geburt, die der folgenden Widder-Phase entspricht, ein «Hineinsterben des göttlichen Geistes in die Materie» nennt, so lässt sich das körperliche Sterben als «Rückkehr ins geistige Reich» bezeichnen. Der Körper hat seine Aufgabe erfüllt, er ist verbraucht und nicht mehr nützlich. Daher löst sich der Geist von ihm.

Vor der körperlichen Geburt, die dem Widderprinzip entspricht, schwimmt der Foetus – wie ein Fisch – in der Fruchtblase. In ihr findet das «unsichtbare körperliche Werden» statt. Später lernt das Neugeborene kriechen und gehen und durchläuft somit gewissermassen die Stufen der biologischen Evolution vom Fisch zum Säugetier.

Dem Stern*bild* der Fische wurden im Laufe der Zeit eine ganze Reihe von Namen gegeben: «Grenzlinie», «Führer der himmlischen Heerscharen», «himmlischer Weissfisch», «Fischbauch», «Leine», und auch «Schnur».[307] Die beiden letzten Bezeichnungen werden unter anderem auch durch ägyptische Darstellungen[308] illustriert, auf denen die beiden Fische durch eine Schnur miteinander verbunden sind. Damit soll sowohl der Gedanke der Unsterblichkeit, respektive der Wiedergeburt,[309] ausgedrückt werden, wie auch die Idee, dass das Materiell-Körperliche und das Geistig-Seelische zwar miteinander verbunden sind, dass dieser Zusammenhang aber nur lose ist. Der Name «Fischbauch» weist wahrscheinlich auf die Geschichte von Jonas hin, der im dunklen Fischbauch eingeschlossen war, weil er sich dem göttlichen Auftrag, in Ninive zu predigen, entziehen wollte.[310] Auch hier ist die Idee enthalten, dass ein geistiges Prinzip (Jonas) in etwas Körperlichem (Walfisch) eingeschlossen ist.

Die Babylonier kannten den geheimnisvollen Fischmenschen «Oannes», der alle Jahre aus den Fluten steigt, um als göttlicher Wohltäter Segen über die Erde zu breiten.[311] Jeden Morgen tauchte «Oannes» aus dem roten Meer auf, begab sich nach Babylon und brachte den Bewohnern dieser Stadt Gesetze und Religion, Sitten, Ordnung, Künste und Wissenschaften.[312] In der Bibel finden wir einen Gott der Philister erwähnt,[313] sein Name ist «Dagon», und auf den Münzen der Küstenstädte Palästinas, auch auf assyrischen Denkmälern, wird er als bärtiger Mann mit Fischschwanz dargestellt.[314] Von «Vishnu», einem der indischen Hauptgötter, wird berichtet, dass er beschloss, die alte Welt durch eine Sintflut zu vernichten. In Fischgestalt rettete er aber «Vaivasvata Manu», den Erzeuger der gegenwärtigen Menschheit[315] (vgl. Noah, Deukalion, Dagon).

Noch im 17. Jahrhundert feierten die Friesen auf Sylt am 21. Februar auf dem «Wedns Hoog» (Wodans Hügel) ein Fest, bei welchem sie Opferfeuer entzündeten und unter

Anrufen von Wodan um die Flammen tanzten.[316] In diese Zeit fällt auch der «Funkensonntag», an dem in den Bergen Frühlingsfeuer entfacht werden. Dabei wirft man viel Reisig in die Glut, damit die Funken hoch aufsprühen. Soweit nämlich das Funkenfeuer gesehen wird, soweit werden kommende Gewitter nicht schaden können.[317] Vielerorts wird das Holz zu diesen Feuern von der Jugend erbettelt (→ Heischen), im schweizerischen Kanton Fribourg wird es von den zuletzt Vermählten angezündet. In hügeligen Gebieten werden um diese Jahreszeit auch Feuerräder zu Tal gerollt[318] (→ Johannistag) oder brennende Scheiben geworfen,[319] die letzteren dienen meist zum Segen der Äcker, aber an einigen Orten wird mit ihnen auch «der Samen gezunden» oder »gelockt» (→ Grasausläuten). Im Schächental (Schweiz) wird mit einem getrockneten Baumschwamm in der Kirche das Osterfeuer geholt, zu Hause werden damit Haus, Stall und Garten ausgeräuchert[320] (→ Räuchern). Das «Scheibenschlagen» finden wir nur bei Völkern germanischer Abstammung. Von den Germanen ist uns bekannt, dass sie in diesem Jahresabschnitt Darstellungen der Sonne aufgestellt oder herumgefahren haben.

Petri Stuhlfeier (22. Februar) scheint ein germanisches Toten- oder Seelenfest gewesen zu sein, denn im Jahre 567 wurde auf der Synode zu Tours beanstandet, dass die Gläubigen – zu Hause, nach der Messe – den abgeschiedenen Seelen Speisen opferten und festliche Mahlzeiten für sie abhielten, und dass man damit zu den heidnischen Bräuchen zurückkehre.[321] Noch im letzten Jahrhundert wurde in Rapperswil am Zürichsee am 12. März eine Katze an eine Schweinsblase gebunden und von einem Turm hinuntergeworfen.[322] Auch dieser Brauch scheint ein Überbleibsel von einem alten Opfer zu sein; die Katze ist ein

«Hexentier», die verwendete Schweinsblase mag auf ein Fruchtbarkeitsritual hinweisen.

Eine Woche vor Ostern feiert die katholische Kirche den «Palmsonntag», drei Tage vor Ostern «Gründonnerstag». Diese Bezeichnung erklärt die Kirche mit dem früher gebräuchlichen «Dies Viridium» (Tag der Grünlinge). Die «Grünlinge» waren losgesprochene Büsser, die wieder in die Gemeinschaft der Gläubigen zurückkehren durften und bei dieser Gelegenheit grüne Gewänder trugen. Wir dürfen aber fast sicher sein, dass um diesen Termin herum ein heidnisches Frühlingsfest gefeiert wurde, und dass die grünen Gewänder aus vorchristlicher Zeit übernommen worden sind.[323] Überall wurden, und werden heute noch, an diesen Tagen die ersten Grünspeisen gegessen. Aus den ersten Frühlingskräutern werden «Kräutl-Suppen», Spinatkrapfen oder mit Schnittlauch gefüllte Pfannkuchen zubereitet.[324] In vielen Gegenden werden die ersten spriessenden Pflanzen eingesammelt, weil sie besonders heilkräftig sein sollen. An manchen Orten in Deutschland gruben die Frauen den Erdboden auf und legten Kräutersamen hinein, denn «in diesen Tagen ist der Same gesegnet». Das geschieht sowohl am Palmsonntag, wie auch am Gründonnerstag oder schon zu «Matthias» (24. Februar).[325] Im Etschtal (Tirol) gingen die Bauern am Gründonnerstag «Baumbeten»; sie stellten sich unter einen Baum und beteten mit ausgebreiteten Armen.[326]

Am «Palmsonntag» werden in der Kirche «Palmzweige» geweiht. In unseren Gegenden sind dies früh grünende Sträucher wie Saalweide, Hasel, Birke oder aber immergrüne Pflanzen wie Eibe, Buchs, Stechpalme. Diese geweihten «Palmen» werden zu Hause am Kruzifix oder an einem Heiligenbild befestigt und bieten Schutz gegen alles erdenkliche Unheil. Im Schwarzwald werden aus demselben Grund diese

Zweige in der Nähe der Wohnung oder im Acker vergraben. In der Oberpfalz blieb der Hausherr nüchtern, bis seine Leute aus der Kirche zurückkamen und ass dann, stellvertretend für die ganze Familie, drei geweihte Blütenkätzchen der Palmweide.[327] Fasten oder nüchtern bleiben ist immer Voraussetzung für eine Weihe oder Einweihung. Auch der Katholik blieb früher vor Empfang der Kommunion (Abendmahl) während einer bestimmten Zeitspanne nüchtern. Aus diesem Grund dürfen wir das Einnehmen der Blütenkätzchen als Kommunion mit einem Wachstumsgott verstehen. An einigen Orten kam – während der Fastenzeit – zum Frühstück am Palmsonntag ausnahmsweise Honig auf den Tisch. In Böhmen, Hamburg und im Harz hat man «Judasohren» gebacken, mit Honig gefüllte Brötchen.[328] Die Biene, von welcher der Honig stammt, ist der Diana heilig, später hat sich zu Zuordnung auf Maria verschoben, die ebenfalls jungfräulich war (→ Weiberfasnacht).

Im elsässischen Vögisheim ging noch 1965, während der Fastenzeit, der «Hisgir» oder «Hutz-Ghür» (Hutzel-Ungeheuer) um. Seinen Namen hat er von den «Hutzeln», getrockneten Birnen. Der «Hisgir» ist in lange Strohzöpfe eingenäht, trägt am hochgebundenen Schwanz eine Glocke und hat zwei Schellengurten (→ Grasausläuten) umgehängt. Sein Gesicht verbirgt er hinter einer Maske. Er wird aus einer Gruppe von etwa dreissig Buben, die ihn auch auf seinem Heischegang begleiten, gewählt und bleibt unerkannt für die anderen Leute. Seine Begleiter singen ein Lied, in dem sie erklären, dass er ein «völliger Narr» sei und deshalb jetzt – in der Fastenzeit – Eier, Butter, Speck und Getränke wolle; sonst nehme er die Hühner weg. Zwei ähnliche Wintergestalten, «Iltis» genannt, gehen, eine in Buschwiller, die andere in Attenschwiler, um. In beiden Orten werden nur Eier verlangt und die Drohung ausgesprochen, dass der «Iltis» die Hühner stehle, wenn er keine Eier erhalte[329] (→ Osterei).

In ländlichen Gegenden finden am Palmsonntag die sogenannten «Palmprozessionen» statt (→ Umgänge), dabei werden oft «Sommerstecken» mitgetragen (→ Maibaum, → Lebensrute). Sie bestehen meist aus einer Haselgerte, die oben ein Büschel von immergrünen Pflanzen, oft Buchs oder Tanne, trägt. Unterhalb dieses Büschels hängen Bretzel, ein Ei oder ein Apfel[330] (→ Osterei, → Iduna), manchmal auch ein hölzerner Hahn. Fast immer ist der Stecken mit bunten Bändern geschmückt. Eine andere Form des Sommersteckens zeigt einige übereinander gestellte Kränze[331] und hat Ähnlichkeit mit dem Schlangenstab des Hermes. Sommerstecken mit einem Sonnenrad auf der Spitze sind auch in die Wände des römischen Steinbruchs am Kriemhildenstuhl (bei Dürkheim, Pfalz) – vermutlich um 200 bis 250 n. Chr. – gemeisselt worden.[332]

In allen Gegenden Europas finden wir «Kämpfe zwischen Sommer und Winter», sie lassen sich sogar bis zu babylonischen Frühjahrsgebräuchen zurückverfolgen.[333] In Augsburg kämpften ein in Efeu (→ Strena) und ein in Gemüse gekleideter Mann gegeneinander.[334] In der Steiermark traten Burschen in Pelzröcken, bewaffnet mit Ofengabeln, Dreschflegeln und Getreidewinden, gegen eine zweite Gruppe an, die sich mit Sensen, Sicheln und Heugabeln ausgerüstet hatte.[335] Im alten Rom wurde am 14. März ein in Felle vermummter Pelzmann (Mamurius Veturius) aus der Stadt gepeitscht.[336] Im aargauischen Klingnau wird der «Hegel» von der Jugend gehetzt (→ Begleiter des Nikolaus) und mit Rüben, Kohlstrünken und anderem Wintergemüse beworfen. Er wehrt sich mit einer Peitsche (→ Lärm) und versucht jemanden zu erwischen, um ihn in den nächsten Brunnen zu tauchen[337] (→

Wasserbräuche im Mai). Einen Hinweis auf heidnische Vorbilder liefern die Bezeichnungen «heller» und «dunkler Ölgötz» im St. Gallischen Schmerikon. Am Aschermittwoch war in vielen Schweizerorten «Heumüetterlitag» (→ Demeter). Junge Burschen verkleideten sich mit Stroh als «Heumüetterli», schwärzten ihr Gesicht und versuchten auch die Vorübergehenden schwarz zu machen (anschwärzen). Später stürmten sie gegen eine Anhöhe, die von jüngeren Knaben und Mädchen besetzt war, und wurden von diesen zurückgedrängt.[338] Auch am «ruessige Frytig» (Freitag von Freyja/Venus) schwärzte man sich das Gesicht mit Russ. Dies war die einfachste Maske, um von den Winterdämonen nicht erkannt zu werden,[339] vielleicht auch, um von ihnen als ihresgleichen betrachtet und dadurch in Ruhe gelassen zu werden.

Bei einem Saarburger Fastnachtsbrauch wird eine Puppe in Männerkleidern verbrannt, und dazu sagt man: «Du geehscht furt und kummscht nit meh, in sechs Mond bischt widr do!»[340] Auf der griechischen Insel Ägina gab es noch vor wenigen Jahrzehnten einen ähnlichen Brauch; die Puppe, die dort verbrannt wurde, besass sehr deutlich hervorgehobene Geschlechtsteile.[341] Daraus lässt sich ersehen, dass es sich bei diesen Bräuchen oft um Fruchtbarkeitsriten handelt. Auch in unseren Gegenden wird die Asche der verbrannten Figur auf die Felder gestreut, weil sie das Wachstum fördern soll. Bei der «Palmesel-Prozession» wurde früher oft ein «Judas» aus Stroh mitgeführt und am Karsamstag bei der Feuerweihe verbrannt.[342] Diese Bräuche werden u. a. «Tod-Austragen» oder «den Winter zu Grabe tragen» genannt. Manchmal wird gegen «den Riesen» gekämpft oder gegen «den Drachen». In Zürich wird zum Winterabschluss eine Strohpuppe, der «Böög», verbrannt; an andern Orten wird eine solche Puppe ertränkt oder «die Alte» zersägt.[343] Nicht immer wird die Figur, die den Winter darstellt, vernichtet, sondern wieder zum Leben erweckt und als neubelebtes Sinnbild des Wachstums freudig durch die Strassen geführt (→ Maibräuche).

In der Kirche werden – in den Tagen vor Ostern – statt der Glocken entweder Ratschen oder Klappern zum Tönen gebracht. Der damit veranstaltete Lärm solle symbolisch den Aufruhr der Naturgewalten beim Tode des Herrn darstellen.[344] In der Schweiz fanden früher am Gründonnerstag (Donars-Tag, Donar besitzt den Donnerkeil Mjölnir) sogenannte «Rumpelmetten» statt. Nach den Lamentationen begannen alle Knaben die mitgebrachten Rassel zu schütteln und einen «Heidenlärm» zu machen.[345] In Westfalen versammelten sich um Mitternacht die Buben in der Kirche um «den Judas zu jagen». Dazu trampelten sie auf den Boden und gegen die Bänke, klapperten mit Holzrasseln und jagten dann mit Geheul in die Nacht hinaus.[346] Es lässt sich unschwer erkennen, dass es sich bei all diesen Lärmbräuchen (Klappern, Rasseln, Schreien, Peitschenknallen, Trommeln, Schiessen, Glocken, Feuerwerk u. dergl.) immer um Mittel zur Dämonenabwehr handelt.

Bis zu Ostern ist die Nacht noch etwas länger als der Tag, die Geister liefern jetzt ein letztes Gefecht vor ihrem Rückzug, der solange dauert, bis die Tage wieder kürzer werden als die Nächte. In Spanien sind am Karfreitag noch heute Prozessionen üblich, bei denen das Kreuz durch die Gassen getragen wird. Grosse dumpfe Trommeln begleiten diesen Umzug.[347] In vielen deutschsprachigen Gebieten soll man in der Nacht auf den Donnerstag (vor Ostern) das Dorf nicht verlassen oder den Wald nicht aufsuchen, weil in dieser Nacht die «Holzfrau» vom Teufel gejagt wird.[348] Am Karsamstag wird in der Lüneburger Heide ein Hufeisen an die Türe genagelt, denn dazu ist der Moment besonders günstig: Christus ist «zur Hölle abgestiegen und alle bösen Geister hören jetzt dort seiner Predigt zu».[349]

In Eisenach findet um Mittag (da steht die Sonne am höchsten) ein Umzug statt. Der «Kickelhahn» (nach einem Berg im Thüringer Wald, → Hahn), eine übergrosse Winterpuppe mit weissem Haupt und langen Beinen, reitet zuvorderst. Im Zug befinden sich «Frau Sommer», die von blumengeschmückten Kindern umgeben ist, sowie eine grosse Anzahl von weiteren Kindern, die als Osterhasen, Maikäfer, Frösche, Schmetterlinge und Frühlingsvögel verkleidet sind. Diesen Umzug nennt man «den Sommer einbringen».[350] Andernorts sind auch «Sommergewinn», «Frühjahr einbringen» als Bezeichnungen für ähnliche Feiern üblich.

Im Lötschental (Schweiz) erscheinen in dieser Jahreszeit die «Roitschäggete» (Rot- oder Russ-Gescheckten, → Rot). Sie sind in Schafspelze gekleidet, tragen Holzlarven und Schellengurten. In Zug kam die «Gret-Schell» und im Kanton Basel-Land, bis etwa 1850, der «Hutz-Gür». Er trug einen Frauenrock oder ein Strohgewand, eine furchterregende Maske, eine hohe kegelförmige Mütze und einen Schellengurt[351] (→ Hisgir). In Imst (Tirol) traten der «Scheller» und die «Rollerin» zusammen auf. Beides waren Burschen, der Scheller trug eine grosse Kuhglocke, die Rollerin viele kleine Kugelglöckchen.[352] Die angehängten Glocken dienen einerseits natürlich der Vertreibung böser Geister, haben zu dieser Jahreszeit aber auch die Aufgabe, die guten Geister der Vegetation und des Wachstums aufzuwecken (→ Grasausläuten).

Wir nähern uns der Frühjahrs-Tagundnachtgleiche. Die Winterarbeit in der Stube ist beendet, die Feldarbeit beginnt wieder. An manchen Orten wird zu diesem Termin «das Licht bachab geschickt». Eine Kerze wird auf einem Brettchen befestigt und dem Fluss übergeben. Diese Schiffchen tragen manchmal auch schöne Transparente, mit Mond und Sternen. In der Schweiz findet oder fand sich dieser Brauch in Schaffhausen, Islikon, Bilten, im Zürcher Oberland und auch im Luzernischen.[353]

In dieser Jahreszeit feierten die Römer die «Vinalia Priora», das «frühe Weinfest», an dem sie Jupiter ein feierliches Trankopfer darbrachten. Erst jetzt wurde der Wein der letzten Ernte zum profanen Gebrauch freigegeben. Beim «ländlichen Weinfest» (Vinalia Rustica, 19. August) wurde Jupiter, unter feierlichen Opferungen, gebeten, die reifenden Trauben zu schonen. In Deutschland findet Anfangs März das «Schönheits-» oder «Stark-Trinken» der jungen Leute statt. Noch vor dem Ersten Weltkrieg wurde dabei – in München – nach alter Sitte Met ausgeschenkt.[354] Der Frühling beginnt für die Münchner aber erst zu jenem Zeitpunkt, zu dem auf dem Nöckerberg (Nöck ist ein Quellgeist) die Salvatorquelle wieder zu fliessen beginnt.[355]

So schliesst die Phase der Fische einen Kreislauf der Natur ab und leitet ihn über in den nächsten Zyklus. Wieder, oder nochmals, wird den Geistern geopfert, vor allem denen der Vegetation und des Wachstums. Die Winterdämonen werden vertrieben, verbrannt oder getötet. Bei alledem ist immer das Bewusstsein vorhanden, dass deren Niederlage nur vorübergehend ist, und dass sie – zu ihrer Zeit – die Oberherrschaft zurückgewinnen können.

Diese Phase wird abgeschlossen mit dem Wissen, dass alles, was gewesen ist, in etwas veränderter Form wieder neu geboren werden wird.

AUSKLANG

Im Jahreslauf der Natur finden wir vom Widder zur Jungfrau das Wachsen, das Entfalten und das Reifen; in der Jahreshälfte Waage bis Fische das Vergehen, das Absterben und die Wiederkehr des pflanzlichen Lebens.

Beim Menschen können wir in der ersten Lebenshälfte ebenfalls Wachstum und Entfaltung beobachten, in seiner zweiten Lebenshälfte stehen ihm zwei Möglichkeiten offen: eine rein organische und eine geistige. Vom körperlichen Standpunkt aus betrachtet findet, wie bei der Pflanze, ein Abbau statt, der schlussendlich zum Tod des materiellen Körpers führt.

Anlagemässig besitzt der Mensch jedoch auch die Fähigkeit zu geistiger Entfaltung, zu spirituellem Wachstum. Er hat damit die Voraussetzungen, seinen Horizont über die sinnliche Wahrnehmung der Materie hinaus zu erweitern. Nutzt er diese Möglichkeit, so kann ein inneres Wachsen stattfinden, das zur Reife führt und den Tod in einem neuen Licht erscheinen lässt. Wenn die Raupe stirbt, entlässt sie den Schmetterling aus ihrer Hülle. Wenn der Mensch stirbt, so löst sich die verkörperte Seele und wird wieder zu bewusster Energie. Ist es nicht seltsam, dass das griechische Wort Psyche, das wir für «Seele» gebrauchen, eigentlich «Schmetterling» bedeutet?

Dieses Wissen ist in jedem einzelnen von uns und lässt sich nur «in sich selber» finden. Durch Einkehr und innere Stille kann es von der Ahnung zur Gewissheit werden. Das menschliche, intellektuelle Denken unterliegt zumeist dem Trugschluss, dass es die Existenz *in der Materie* als «Leben» bezeichnet. Ein treffenderer Ausdruck wäre «Eingeschlossensein». Durch das, was wir «Tod» nennen, befreit sich diese eingeschlossene Energie und wandelt sich wieder in eine freiere Form um.

Unsere Naturgesetze besagen richtigerweise, dass keine Energie verloren geht. Das trifft nicht nur auf physikalische und chemische Prozesse zu, sondern lässt sich auch in biologischen, psychologischen und psychischen Abläufen erkennen.

Leben ist die Kraft, die alles bewegt – Leben ist also Energie! Das Leben dauert ewig, und Tod ist im Grunde genommen nur eine Umwandlung von Energien, ein Wechsel des Zustandes – das eigene Bewusstsein bleibt erhalten. Dieser Wechsel entspricht – symbolisch betrachtet – dem Übergang vom Zeichen der Fische in das des Widders.

Das gesamte Wissen um das Leben und um den Kreislauf des Lebens ist seit jeher vorhanden gewesen. Zu manchen Zeiten geriet es in Vergessenheit, doch in vielen der alten Bräuche schimmert es durch. Und wem es gelungen ist, beim Lesen auch seine Intuition einzusetzen, könnte seine innere Quelle wiederholt aktiviert haben – und dies würde mich besonders freuen.

ANMERKUNGEN

1 *Robert K. G. Temple:* Das Sirius-Rätsel, Frankfurt/M. 1977, S. 51.

Cf: *Erich Fromm:* Haben oder Sein, Stuttgart 1979, S. 147: «Wir sind nicht länger Herren der Technik, sondern werden zu ihren Sklaven – und die Technik, einst ein wichtiges schöpferisches Element, zeigt uns ihr anderes Gesicht als Göttin der Zerstörung (wie die indische Göttin Kali), der Männer und Frauen sich selbst und ihre Kinder zu opfern bereit sind.( )Für diese These gibt es viele Beweise, aber keiner ist zwingender als die beiden Tatsachen: 1. dass die grossen (und auch einige kleinere) Mächte fortfahren, Atomwaffen von immer grösserem Vernichtungspotential herzustellen, und dass sie sich nicht zu der einzig vernünftigen Lösung durchringen können: zur Vernichtung aller Nuklearwaffen und der Atomkraftwerke, die das Material zur Produktion der Kernwaffen herstellen; und 2. dass praktisch nichts unternommen wird, um die Gefahr einer ökologischen Katastrophe zu bannen. Kurz, es wird nichts getan, um das Überleben der Menschheit zu sichern.»

2 *Robert Böker:* Zodiakos, München 1972, Spalte 467.

3 *Hans Sterneder:* Tierkreisgeheimnis und Menschenleben, Pfullingen 1964, S. 52 f.

4 *dtv-Lexikon,* 20 Bände, München 1972. Bd. 19, S. 54: Im Althochdeutschen hiess Tyr: Ziu oder Tiu. In Zusammensetzungen nimmt der Name Tiu die Bedeutung von Gott überhaupt an.

Cf: *Temple,* S. 221: «Im Aegyptischen sind die ‹Tehentiu› die ‹funkelnden Götter›.»

5 *Der Kleine Pauly,* München 1979, Bd. 3, Spalte 62.

Cf: *Immanuel Velikovsky:* Welten im Zusammenstoss, Frankf./M. 1978, S. 116 ff: Durch geringfügige Veränderungen des kosmischen Gleichgewichtes verschoben sich die verschiedenen Umlaufzeiten (der Planeten).

S. 243: Die Römer wussten, dass die Erde zu den Planeten zu rechnen ist. So schrieb z. B. Plinius (Historia Naturalis II,45): Menschenwesen sind über die ganze Erde verteilt und stehen mit den Füssen gegeneinander ... Ein weiteres Wunder, dass die Erde fest aufgehängt ist und nicht, uns mit sich reissend, herabfällt.

Cf. Kap. 8, in welchem Velikovsky *belegt,* dass in früherer Zeit das Jahr tatsächlich bloss 360 Tage aufzuweisen hatte und dass ein Mondumlauf damals genau dreissig Tage dauerte. Im 8. Jh. v. Chr. mussten die meisten Kulturen eine notwendig gewordene Kalenderreform vornehmen (→ Anmerkung 7).

6 *Joachim Schultz:* Rhythmen der Sterne, Dornach 1977.

S. 44: Trotz des Grössenunterschiedes der einzelnen Stern*bilder* zeigen sie tatsächlich eine ganz ausgeprägte symmetrische Verteilung. Von Aldebaran aus, dem Hauptstern im Stier, ergibt sich eine gleichmässige Zwölferteilung, die überall zentral in die Stern*bilder* einfällt.

7 *Kleiner Pauly,* Bd. 5, Sp. 1541: Der Zodiakos als ganzes wurde erst verhältnismässig spät ausgebildet – mögen auch einzelne seiner Teile ( ) in unbestimmbar alte Zeit zurückgehen. Für die Antike lassen sich 2 Entwicklungsstufen nachweisen: 1. der Z. mit elf Bildern, der im ausgehenden 6. Jh. v. Chr. abgeschlossen vorlag ( ), 2. der Z. mit 12 Bildern, der durch Einfügung der Waage (im Raum der früher übergrossen Skorpionscheren) wahrscheinlich noch im 3. Jh. v. Chr. geschaffen wurde und hinfort allein galt.

Cf. Anmerkung 5, und das 10monatige Mondjahr (Jahr des Numa). Das Mondjahr könnte u. U. aus einer matriarchalen Zeit herstammen, in welcher der Mensch noch intuitiver mit der Natur verbunden war. Der Mond entspricht auch dem Unbewussten. – Der Wechsel auf das Sonnenjahr könnte also einem zunehmenden Bewusstsein entsprechen.

8 *Hugo Gehring:* Die Edda, Leipzig/Wien, ca. 1893; Völupsa und Gylfaginning.

Cf: *Peter Fiebag:* Die Mythen der Germanen geben sprechende Hinweise (in: Neue Weltschau), 1977/Nr. 32, S. 16.

9 Ähnlich macht ein Künstler innere Inhalte durch seine Mittel in der äusseren Realität sichtbar, z. B. Surrealisten aller Zeiten.

Auch in unseren Träumen entsteht ein Kontakt zu unserer Innenwelt, die wir so intensiv erleben, dass wir – im Traum – gar nicht wissen, dass wir nun träumen. Wir erleben den Traum als reale Situation. Ganz ähnliche Symbolbilder wie in den sog. grossen Träumen finden wir auch in den überlieferten Volksmärchen. Auch hier ist zu beachten, dass jede Kultur die Entsprechungen in ihrer eigenen Umgebung findet. – Im Norden, wo der Löwe nicht vorkam, wurde der Bär zum König der Tiere. Wo keine Adler fliegen, dort wird der Falke zum Symbol der alles sehenden Sonne.

Auch die Eigenschaften der mythologischen Götter können aus dieser Sicht heraus neu betrachtet und entschlüsselt werden. Dann lässt sich erkennen, dass sie Projektionen von unbewussten, archetypischen menschlichen Wesensinhalten darstellen – und so gewinnen sie an Aktualität, weil sie im Grunde genommen zeitlos sind.

10 *Fromm,* aaO S. 134 und 136 (etwas gekürzt): Für den heidnischen Helden bestand der Wert des Mannes in seiner Körperkraft und seiner Fähigkeit, Macht zu erringen und zu behalten. Der heidnische

Held ist durch die Kategorien Besitzen, Ausbeuten und gewaltsames Erzwingen gekennzeichnet.

Der christliche Held dagegen war der Märtyrer, dessen höchstes Ziel darin bestand, sein Leben für Gott oder seine Mitmenschen, also für uneigennützige Zwecke zu opfern; er wird charakterisiert durch Geben, Teilen und Sein.

Wenn wir in unser Inneres schauen, oder uns das Verhalten unserer Mitmenschen und Politiker betrachten, so stellen wir fest, dass unser Massstab immer noch der «heidnische Held» ist.

11 Entsprechungen der 12 Lebensabschnitte im Zyklus von

	6 Jahren	*7 Jahren*
1. Phase Widder	0– 6 Jahre	0– 7 Jahre
2. Phase Stier	6–12 Jahre	7–14 Jahre
3. Phase Zwillinge	12–18 Jahre	14–21 Jahre
4. Phase Krebs	18–24 Jahre	21–28 Jahre
5. Phase Löwe	24–30 Jahre	28–35 Jahre
6. Phase Jungfrau	30–36 Jahre	35–42 Jahre
7. Phase Waage	36–42 Jahre	42–49 Jahre
8. Phase Skorpion	42–48 Jahre	49–56 Jahre
9. Phase Schütze	48–54 Jahre	56–63 Jahre
10. Phase Steinbock	54–60 Jahre	63–70 Jahre
11. Phase Wassermann	60–66 Jahre	70–77 Jahre
12. Phase Fische	66–72 Jahre	77–84 Jahre

Nach der 12. Phase kann – auf einer bewussteren Ebene – wieder die erste Phase aktiviert werden. Der 6er-Zyklus entspricht mehr dem unterbewussten/praktischen Geschehen, der 7er-Zyklus zeigt eher überbewusste/geistige Zusammenhänge auf.

12 *Eugen Fehrle:* Feste und Volksbräuche im Jahreslauf europäischer Völker, Kassel 1955, S. 129.

Ferner ist auch interessant, dass mancherorts entweder der grüne Hase, der rote Hase, der Fuchs oder der Kuckuck (Frühlingskünder) die Eier bringt.

13 *Edith Reichstein,* Vortragsmanuskript über: Gedanken und Erläuterungen zu den jüdischen Feiertagen.

14 *Fehrle:* S. 126.

15 *Fehrle:* S. 127.

16 *Alfred Metraux:* Die Oster-Insel, Stuttgart 1957, S. 113 ff.

17 *Fehrle:* S. 126.

18 Ed. H. *Bächtold-Stäubli:* Handwörterbuch des deutschen Aberglaubens, Bd. VII, Berlin 1935, Spalte 1108.

19 *Roche Grenzach:* Vom Volksbrauch im Frühling, o. J., S. 44.

20 *Georg Buschan:* Altgermanische Überlierungen in Kult und Brauchtum der Deutschen, München 1936, S. 194f & S. 224.

Cf: *Herbert Hunger:* Lexikon der griechischen und römischen Mythologie, Reinbek/Hamburg 1976, S. 65 unter Artemis: «...Die alljährliche Auspeitschung der Knaben am Altar der Artemis Orthia hat man u. a. als Schläge mit der Lebensrute aufgefasst( ), später sei daraus die der spartanischen Abhärtung dienende Geisselung geworden (Nilsson).

21 Ed. *Lutz Mackensen:* Handwörterbuch des deutschen Märchens, Bd. 2, S. 529. Siehe: Zaunert: Märchen seit Grimm II, 170.

22 *Roche:* S. 44.

23 *Fehrle:* S. 128.

24 *Sterneder:* S. 79.

25 *Buschan:* S. 108.

26 *Sterneder:* S. 78.

27 *Roche:* S. 44.

28 *Sterneder:* S. 79.

29 *Roche:* S. 44.

30 *Buschan:* S. 205.

31 *Fehrle:* S. 71.

32 *Fehrle:* S. 116.

33 *Fehrle:* S. 97.

34 *C. Andresen, H. Erbse, O. Gigon, K. Schefold, K. F. Strohecker, E. Zinn:* Lexikon der alten Welt, Zürich/Stuttgart 1965, Sp. 1727.

35 *Lexikon* d. a. Welt: Sp. 989.

36 Cf: *Jean Chevalier, Alain Gheerbrant:* Dictionnaire des Symboles, Paris 1974, S. 113ff. Unter dem Stichwort *Rose* erwähnen die Autoren, dass bei den Römern im Mai den Verstorbenen Rosengerichte geopfert wurden und dass der Papst früher am 4. Fastensonntag die «Goldene Rose» geweiht hat.

Aus dem Blut des Adonis sind Rosen und Eglantinen entstanden. Adonis entspricht dem römischen Attis, dessen Fest in Rom um den 23. März gefeiert wurde (→ Anmerkung 79).

37 *Fehrle:* S. 132.

38 *Gering:* Gylfaginning, Strophe 51.

39 *Buschan:* S. 197 f.

STIER

40 *Lexikon:* Der grosse Herder, Freiburg/Br. 1932, Band 4, Sp. 1080.

Cf: Auch Plutos, der Sohn Demeters, ein Gott des Ackerbaus, wird meist als Knabe mit einem Füllhorn dargestellt. Astrologisch wird Venus/Flora dem Stier zugeordnet. Pluto/Plutos gehört zum Skorpion, der dem Stier genau gegenüberliegt.

Der Flussgott Acheloios verwandelt sich beim Kampf mit Herakles (Sonne) zuerst in eine Schlange (Skorpion), dann in einen Stier, dem Herakles ein Horn abbricht. Er gibt es ihm wieder zurück und erhält dafür das «Horn der Amaltheia». Amaltheia war jene Ziege, die den kleinen Zeus mit ihrer Milch nährte. Ihr abgebrochenes Horn wird von Zeus zum unerschöpflichen, segenspendenden Füllhorn gemacht.

Acheloios besitzt ein Sternbild; Amaltheia einen Stern im Bild des Fuhrmanns. Beide liegen in der Nähe des Stern*bildes* Stier.

41 *Lexikon* d. a. Welt: Sp. 1772, Ludi Florales.

42 *Roche:* S. 51.

43 Cf: das Buch von *Hans Peter Duerr:* Traumzeit – über die Grenze zwischen Wildnis und Zivilisation, Frankfurt/Main 1979.

44 *Roche:* S. 54.

45 *Fehrle:* S. 137.

46 *Roche:* S. 5. Cf: weitere Namen sind: Maimännchen, Pfingstlümmel, -dreck, -butz, -nickel (-Nöck), -pflütteri, -quack, -katz, Graskönig, Laubmann, Laubbär; in England: «Jack the Green». Aus *Fehrle:* S. 147.

47 *Fehrle:* S. 148.

48 Werner und Maria *Scheingraber:* Vom Sternsingen zum Perchtenlauf, Freilassing 1976, S. 22.

49 *Fehrle*, S. 134.
50 *Buschan*, S. 113, und *Roche*, Bd. I, S. 56.
51 *Roche*, Bd. I, S. 32.
52 *Roche*, Bd. I, S. 55.
53 *Roche*, Bd. I, S. 32.
54 *Fehrle*, S. 135.
55 *Der grosse Herder*, Bd. 5, Freiburg/Br. 1933.
56 *Scheingraber*, S. 20.
57 *Heinrich Zimmer*, Indische Mythen und Symbole, Köln 1972, S. 7 ff., auch: Sterneder, S. 110.
58 Das Wort Pfingsten beruht auf einer alten Entlehnung aus dem Griechischen. «Pentekoste» bezeichnete den 50. Tag (nach Ostern).
Cf: Robert Temple. Die Zahl 50 spielt bei den Dogon, die nach ihren Überlieferungen Kontakt mit Wesen vom Sirius gehabt haben müssen, eine wichtige Rolle; ebenfalls in der Argonautensage (S. 61). – Die Sumerer zählten 50 Helden oder grosse Götter auf, die «Anunnaki» (S. 69). – Ein ältestes Fragment mit dem Titel «Gilgameschs Lebenssuche» ordnet diesem 50 Gefährten (ledige Männer) zu und erwähnt diese 50 Männer mehrmals (S. 88). – Vom keltischen Gott Bran (griech. Phorneus) wird gesagt, dass er in einer einzigen Nacht mit 50 Mädchen schlief (S. 180). – Die Söhne von Uranus und Gaia hatten 50 Köpfe, Kerberos der Hadeshund besass ebenfalls 50 Köpfe (S. 181). – Auch die Zeitspanne zwischen zwei olympischen Spielen betrug 50 Mondzyklen (S. 180).
59 *Edith Reichstein*.
60 *Hans Sterneder*, 109.

ZWILLINGE

61 *Hans Sterneder*, S. 125.
62 *Hans Sterneder*, S. 128.
63 *Heinrich Zimmer*, S. 144.
64 *Heinrich Zimmer*, S. 240.
65 *Joachim Ernst Berendt,* Nada Brahma, Frankfurt 1983.
66 *Fehrle*, S. 143.
67 *Scheingraber*, S. 20.
68 *Edith Reichstein*.
69 *Apostelgeschichte* 2,1.
70 *Sterneder*, S. 127.
71 *Buschan*, S. 204.

72 *Fehrle*, S. 139.
73 *Roche*, Bd. II, S. 6.
74 *Buschan*, S. 205.
75 *Buschan*, S. 204.
76 *Scheingraber*, S. 22.
77 *Fehrle*, S. 138.
78 *Roche*, Bd. II, S. 6 & 8.
79 Zum Attiskult, mit dem der Maibaum einen augenfälligen Bezug aufweist, folgendes: Attis war der Kybele geweiht und musste keusch bleiben; als er dieses Gebot übertrat, strafte ihn die Göttin mit Wahnsinn, worauf er sich entmannte. Als er sich zudem entleiben wollte, verwandelte ihn die Göttin in eine Fichte. Im Attiskult wurde alljährlich eine Pinie gefällt und in den Tempel der Kybele gebracht.
80 *Fehrle*, S. 139.
81 *Buschan*, S. 204.
82 *Fehrle*, S. 139. Cf.: Anmerkung 79: Attis' Keuschheit. Vielleicht wurde diese bei den Junggesellen angenommen.
83 *Roche*, Bd. IV, S. 9.

KREBS

84 *Johannes:* 3,30 und Luk. 1,36.
85 *Roche*, Bd. II, S. 49.
86 *Fehrle*, S. 158.
87 *Fehrle*, S. 158.
88 *Curti Notker:* Volksbrauch und Volksfrömmigkeit im katholischen Kirchenjahr, Basel 1947, S. 84.
89 *James G. Frazer:* Der Goldene Zweig, Frankfurt/Main 1977, S. 904.
90 *Frazer*, S. 907 f.
91 *Roche*, Bd. II, S. 51, und Fehrle, S. 160.
92 *Buschan*, S. 132.
93 *Roche*, Bd. II, S. 50.
94 *Roche*, Bd. II, S. 50.
95 *Roche*, Bd. II, S. 51.
96 *Fehrle*, S. 165.
97 *Curti Notker*, S. 163.
98 *Fehrle*, S. 170.
99 *Fehrle*, S. 170.
100 *Roche*, Bd. II, S. 49.
101 Der Buchdruckergehilfe wird «zünftig» nachdem er «gegautscht» ist.

Dazu wird er in einen Brunnen (in ein Fass mit Wasser) getaucht, erhält den Gautschbrief und muss einen Freitrunk spendieren. (Auf einer Gautschpresse werden nasse Papierbögen gewalzt.)

102 *Scheingraber*, S. 26.
103 *Scheingraber*, S. 25.
104 *Scheingraber*, S. 25.
105 Im Norden ist der Hahn das Symbol der kämpferischen Wachsamkeit. Auf der Weltesche Yggdrasil (Weltenbaum) wacht er über den Horizont und kräht bei Gefahr. Heute sitzt er auf den Kirchtürmen.
106 *Notker*, S. 85.
107 *Buschan*, S. 68.
108 *Fehrle*, S. 167.
109 *Roche*, Bd. II, S. 52 f.
110 *Buschan*, S. 90.
111 *Scheingraber*, S. 26.
112 *Notker*, S. 87 f.
113 *Buschan*, S. 217.
114 *Roche*, Bd. II, S. 49.
115 *Roche*, Bd. II, S. 49.
116 *Notker*, S. 84.
117 *Buschan*, S. 104.
118 *Buschan*, S. 121.

LÖWE

119 *Sterneder*, S. 183.
120 *Richter* 16, 4–21.
121 *Fehrle*, S. 175.
122 *Fehrle*, S. 178.
123 *Fehrle*, S. 178.
124 *Fehrle*, S. 176.
125 *Fehrle*, S. 172.
126 *Hedwig von Beit:* Symbolik des Märchens, Bern und München 1975, S. 165 f.
127 *Elizabeth Villiers:* Amulette und Talismane, München 1927, S. 70 f.
128 *Bruno P. Schliephacke:* Bildersprache der Seele, Berlin 1970, S. 18 f.
129 *Scheingraber*, S. 30.
130 *Lexikon der antiken Welt*, Sp. 2077.
131 Cf.: *Robert Temple:* Sirius, S. 258: «...was die Bezeichnung des Süsswassers als ‹männlich› und des Meerwassers als ‹weiblich›

angeht, so gibt es eine Entsprechung in der altbabylonischen und sumerischen Tradition. Hier war Absu (Abzu) eine männliche Süsswasser- und Tiamat eine weibliche Meerwassergottheit.»

132 Cf.: Fussnote 8.

JUNGFRAU

133 *Fehrle*, S. 172.
134 *Fehrle*, S. 172.
135 *Fehrle*, S. 172.
136 *Scheingraber*, S. 36.
137 *Scheingraber*, S. 34.
138 *Buschan*, S. 91ff.
139 *Roche*, Bd. II, S. 56.
140 *Scheingraber*, S. 32.
141 *Scheingraber*, S. 33.
142 *Roche*, Bd. III, S. 18.
143 *Roche*, Bd. III, S. 86.
144 *Roche*, Bd. III, S. 86.
145 *Fehrle*, S. 172.
146 *Fehrle*, S. 180.
147 *Fehrle*, S. 181.
148 *Fehrle*, S. 181.
149 *Edda*, S. 310, Gylfaginning, Strophe 15.
150 *Schliephacke*, S. 41.
151 *Scheingraber*, S. 38.
152 *Notker*, S. 100.
153 *Reichstein*.
154 *Lexikon der antiken Welt*.
155 *Frazer*, S. 587.
156 *Frazer*, S. 589.
157 *Frazer*, S. 600.
158 *Frazer*, S. 602 ff.

WAAGE

159 *Edda*, S. 317, Gylfaginning, Strophe 23.
160 *Roche*, Bd. III, S. 14.
161 *Notker*, S. 107.

162 *Notker,* S. 107.
163 *Buschan,* S. 37.
164 *dtv Lexikon:* «Ding».
165 *Roche,* Bd. III, S. 14.
166 *Sterneder,* S. 239.
167 *Johannes Minckwitz,* Mytholog. Lexikon, Gera 1889, S. 145.
168 *Reichstein*
169 Richard Hinckley Allen: Star Names, New York 1963, S. 275. Neue Veröffentlichung des Buches von G. E. Stechert: Star-Names and Their Meanings, 1899; cf. Buch Dan. 5, 27.

SKORPION

170 *Buschan,* S. 211.
171 *Allen,* S. 361 f.
172 *Scheingraber,* S. 41, & Buschan, S. 216 f.
173 *Der grosse Herder,* Bd. 1, Sp. 377 f.
174 *Buschan,* S. 213.
175 *Scheingraber,* S. 42.
176 *Der grosse Herder,* Rahmenart.: Allerseelen, Bd. 1.
177 *Scheingraber,* S. 42.
178 *Villiers,* S. 49.
179 *Lexikon der antiken Welt.*
180 *Buschan,* S. 228.
181 *Buschan,* S. 228.
182 *Buschan,* S. 228.
183 *Scheingraber,* S. 42.
184 *Scheingraber,* S. 44.
185 *Der grosse Herder, Bd. 7, Sp. 1672 f.*
186 *Buschan,* S. 108.
187 *Roche,* Bd. III, S. 59.
188 *Roche,* Bd. III, S. 58.
189 *Buschan,* S. 211.
190 *Buschan,* S. 211.
191 *Frazer,* S. 649.
192 *v. Beit,* S. 181.
193 *v. Beit,* S. 182.
194 *Edda,* Gylfaginnig, Strophe 49.

SCHÜTZE

195 *Allen,* S. 351ff.
196 *Scheingraber,* S. 45.
197 *Scheingraber,* S. 45.
198 *E. Hoffmann-Krayer:* Feste und Bräuche des Schweizervolkes, Zürich 1913, S. 96; cf. *Duerr,* S. 150 & 339, Kreuzwege: das mittelalterliche Hochgericht tagte mancherorts auf dem Schnittpunkt eines Kreuzweges. So waren die Richter «unparteiisch» und gehörten «keiner Richtung» an. – Auch Gräber und Friedhöfe scheinen in alten Zeiten oft an Kreuzungen gelegen zu haben…
199 *Hoffmann,* S. 97.
200 *Scheingraber,* S. 46.
201 *Fehrle,* S. 25.
202 *Fehrle,* S. 26.
203 *Scheingraber,* S. 46.
204 *Notker,* S. 7.
205 *Notker,* S. 11.
206 *Fehrle,* S. 15.
207 *Fehrle,* S. 16.
208 *Fehrle,* S. 23.
209 *Fehrle,* S. 23.
210 *Scheingraber,* S. 46; auch *Notker,* S. 11.
211 *Fehrle,* S. 25.
212 *Fehrle,* S. 30.
213 *Julius Schwabe:* Archetyp und Tierkreis, Basel 1951, S. 586, Anmerkung 2.
214 *Fehrle,* S. 30.
215 *Minckwitz,* S. 463.
216 *Notker,* S. 13.
217 *Buschan,* S. 70 ff.
218 *Fehrle,* S. 30.
219 *Fehrle,* S. 31.
220 *Buschan,* S. 132.
221 *Fehrle,* S. 31.
222 *Lexikon der antiken Welt,* Sp. 161.

223 *Allen,* S. 135 ff.
224 *Sterneder,* S. 378.
225 *Notker,* S. 15.
226 *Fehrle,* S. 50.
227 *Scheingraber,* S. 47.
228 *Buschan,* S. 169.
229 *Buschan,* S. 170.
230 *Buschan,* S. 173.
231 *Buschan,* S. 173.
232 *Buschan,* S. 171.
233 *Buschan,* S. 171.
234 *Fehrle,* S. 53.
235 *Buschan,* S. 102.
236 *Buschan,* S. 108.
237 *Buschan,* S. 178.
238 *Buschan,* S. 178.
239 *M. J. Vermaseren:* Mithras, Stuttgart 1965.
240 Die Lehre des Mithras besagte ferner, dass der «All-Urgrund» der Welt die ewige Zeit sei, dass ihr Himmel und Erde entsprossen seien und zusammen den Ozean gezeugt hätten. Das böse Prinzip (Ahriman genannt) siegte über den Sonnengott und den Urstier und brachte somit Leid auf die Erde. Nach der Geburt von Mithras wurde das Blut des getöteten Urstiers zum Quell des Lebens.

Die «ewige Zeit» wurde allegorisch in Gestalt eines Menschenleibes dargestellt, der von einer Schlange umwunden war, einen gekrönten Löwenkopf trug und an Schultern und Hüften Flügel aufwies (Symbole der babylonischen Sphinx und auch der vier Evangelisten).
241 *Buschan,* S. 97; cf. *Frazer,* S. 956.
242 *Buschan,* S. 156, zit. nach: De bello gall. 4,14.
243 *Der grosse Herder,* Bd. 3, Sp. 1311.
244 *Notker,* S. 17.
245 *Buschan,* S. 174.
246 *Buschan,* S. 174.
247 Cf: *W. Mannhard:* Wald- und Feldkulte, Berlin 1904, Band 2, S. 261. Er schreibt dort, dass am Hauptfest der Göttin Atargatis (Derketo, Tirgata) zu Hierapolis (Bambyke, Mabug) in Syrien bei Frühjahrsbeginn ein Fest gefeiert wurde. Im Tempelhof wurden mehrere grosse Bäume aufgerichtet, die man im Walde schlug. Dann wurden lebende Schafe, Ziegen, anderes Kleinvieh, Vögel, Gewandstücke, Gold- und

Silbersachen daran aufgehängt. Die Bäume wurden mit dem Schmuck verbrannt, während das Volk um sie herumtanzte. Das Fest hiess: ‹Scheiterhaufen› oder ‹Fackel› (→ Maibaum).

248 *Scheingraber,* S. 47.

249 Diese Information verdanke ich Herrn Max Währen, Bümpliz, er ist Fachmann für alle Fragen, die mit Brot zusammenhängen.

250 *Fehrle,* S. 35.

251 *Buschan,* S. 45.

252 *Notker,* S. 21.

253 *Fehrle,* S. 36.

254 *Buschan,* S. 177.

255 *Fehrle,* S. 57.

256 *Fehrle,* S. 58.

257 *Hoffmann-Krayer,* S. 99.

258 *Notker,* S. 21.

259 *Scheingraber,* S. 47.

260 *Fehrle,* S. 58.

261 *Fehrle,* S. 54.

262 *Hoffmann-Krayer,* S. 99.

263 *Hoffmann-Krayer,* S. 100.

264 *Hoffmann Krayer,* S. 99.

265 *Frazer,* S. 849 f.

266 *Frazer,* Kapitel 24, 25.

267 *Der grosse Herder,* Bd. 2, Sp. 1077.

268 *Notker,* S. 21.

269 *Fehrle,* S. 44.

270 *Frazer,* S. 924 ff.

WASSERMANN

271 *Allen,* S. 45 ff.

272 *Allen,* S. 45 ff.

273 *Scheingraber,* S. 4.

274 *Fehrle,* S. 69.

275 *Sterneder,* S. 390.

276 *Lexikon der antiken Welt,* Sp. 959, Stichwort Feste.

277 *Lübker,* Reallexicon.

278 *Buschan,* S. 15.

279 *Lexikon der antiken Welt,* Sp. 851.

280 Diese Fellstreifen wurden «Amiculum Junonis» genannt, das heisst:

Junos Mantel. Es ergibt sich somit ein Bezug zum Fruchtbarkeitsfest der Geburtsgöttin «Juno Lucina», das am 1. März gefeiert wurde (→ Matronalia).

281 *Der grosse Herder,* Stichwort Karneval, Bd. 6, Sp. 1104. Das Wort «Karneval» wird aber schon 1341 zum erstenmal erwähnt. – *Vollmer,* Lexikon der Mythologie, S. 345: Nehalennia war lange Zeit ganz unbekannt, bis 1647, fast zur gleichen Zeit, 16 Altäre mit ihrem Namen oder Bild hauptsächlich an den Mündungen des Rheins entdeckt wurden.

282 *Duerr,* S. 39, 54.

283 *Duerr,* S. 78 f.

284 *Schwabe,* S. 585.

285 *Schwabe,* S. 585.

286 *Fehrle,* S. 81 f.

287 *Fehrle,* S. 85.

288 *Duerr,* S. 240, nach: K. Meuli: Altrömischer Maskenbrauch, Museum Helveticum 1955, S. 220.

289 *Duerr,* S. 240, nach: K. Meuli: Maske und Maskereien, in Handbuch des deutschen Aberglaubens, Bd. V, Berlin 1933, Sp. 1759 f.

290 *Fehrle,* S. 89.

291 *Duerr,* S. 53.

292 *Leo Zehnder:* Volkskundliches in der älteren schweiz. Chronistik, Basel 1976, S. 154.

293 *Zehnder,* S. 434.

294 *Zehnder,* S. 439.

295 *Sterneder,* S. 393.

296 *Der grosse Herder,* Bd. 11, Sp. 940.

297 *Janet Bord:* Irrgärten und Labyrinthe, Köln 1976, S. 12.

298 *Zimmer,* S. 169.

299 *Dictionnaire des symboles,* Bd. 2, Stichwort «Danse», S. 170.

300 *Der grosse Herder,* Bd. 4, Sp. 709.

301 Cf.: *Schwabe,* S. 588 f: Trommeln und Pfeifen sind zusammenhängende Fruchtbarkeitssymbole. Schon Gilgamesch macht aus dem Holz des Lebensbaumes (Huluppu), der am Euphratufer wächst, anstatt einem Bett für die Göttin eine Trommel und einen Trommelstock, um die Toten aus der Unterwelt zurückzurufen, was ihm aber misslingt.

302 *Fehrle,* S. 87.

303 *Vollmer,* S. 360.

304 *Fehrle,* S. 171.

305 Zur Bezeichnung «Tschäpperle-Mäntig»: Das heute noch gebräuch-

liche Wort «Tschäpper», Hut, Mütze, Kopfbedeckung, kommt von der «Tschapka» (pol.), der Kopfbedeckung der Ulanen, eine Art des Tschakos; vgl. franz. «chapeau».

Der Hut ist Symbol der Autorität (vgl. Papst mit Mithra, König mit Krone, Wichtigkeit der Kopfbedeckung beim Militär).

306 *Eugen A. Meier:* Rund um den Baselstab, Bd. 3, Basel 1978, S. 227. Vgl. Diana mit dem Hirsch v. Matthias Wollbaum, im Berliner Kunstgewerbemuseum. Um 1600 entstanden. Trinkspiel an der Tafelrunde. Wenn der Automat stillstand musste derjenige, vor dem das Gefäss stand, den mit Wein gefüllten Leib austrinken (→ Julkeule).

FISCHE

307 *Allen,* S. 336 ff.

308 Tierkreis von Denderah und der Deckel eines Sarkophags aus dem 2. Jh. v. Chr. aus Theben (Brit. Museum).

309 Cf.: *Peter Andreas,* Der Bannfluch Justinians (in: Esotera, September 1978), aus P. Andreas: Jenseits von Einstein, Econ-Verlag, ca. 1978. Andreas stellt fest, dass die Lehre von der Wiedergeburt nicht durch die Kirche abgelehnt worden ist, sondern durch eine vom Kaiser Justinian I. um 543 einberufene Synode, auf der er – aus politischen Gründen – die Lehren des Origenes (185–253) verdammen liess. Durch einen raffinierten Trick konnte er seine Absichten gegen den Papst durchsetzen. – Somit wäre die Reinkarnation eine von der katholischen Kirche nie abgelehnte Tatsache. – Es ist interessant zu bedenken, dass die gegenwärtige Problematik dieses Themas wahrscheinlich gar nicht vorhanden wäre, wenn der Gedanke der Wiedergeburt auch im Abendland zu den grundsätzlichen christlichen Glaubenslehren gehörte (was die Macht von Vorurteilen demonstriert). – Im Evangelium finden wir einige diesbezügliche Stellen: Mark. 8,27; Mat. 16,13; Mat. 17,10; Mark. 9,11; Mat. 11,13; Joh. 9,1.

310 *Jona.,* 2,1.

311 *Sterneder,* S. 417.

312 *Vollmer,* S. 357.

313 *1 Sam.* 5,1; *Richter,* 16, 23.

314 *Der grosse Herder*[4], Bd. 3, Sp. 576.

Cf.: *Temple:* Sirius. Der zentralafrikanische Stamm der Dogon kannte die «Nommos», die Herren des Wassers, welche auch Unterweiser und Mahner waren (S. 252). Von Oannes wird zudem gesagt: ... dass er keine Beine zum Laufen hatte, statt dessen einen Fischschwanz zum Schwimmen (S. 67). Berossos schildert Oannes als den Lehrer, der die Menschen der Frühzeit in allem unterwies (S. 146); ... der die Menschen Astronomie, sowie Allgemeinbildung lehrte. Er kam aus einem Ei, das ein leuchtendes Aussehen hatte bevor es im Wasser niederging (S. 330 f).

315 *Zimmer,* S. 22.
316 *Buschan,* S. 38.
317 *Scheingraber,* S. 10.
318 *Hoffmann,* S. 135.
319 *Fehrle,* S. 78.
320 *Notker,* S. 58.
321 *Buschan,* S. 69; cf. Fehrle, S. 71.
322 *Hoffmann,* S. 140.
323 In Jerusalem war auch ein Fest. Cf.: *Joh.* 12,12–13.
324 *Roche,* Bd. I, S. 37.
325 *Roche,* Bd. I, S. 8.
326 *Roche,* Bd. I, S. 36.
327 *Scheingraber,* S. 10.
328 *Roche,* Bd. I, S. 37.
329 *Eugen A. Meier,* Bd. 3, S. 170; 237.
330 *Fehrle,* S. 110.
331 *Notker,* S. 50.
332 *Fehrle,* S. 111.
333 *Fehrle,* S. 117.
334 *Roche,* Bd. I, S. 53.
335 *Roche,* Bd. I, S. 5.
336 *Duerr,* S. 239.
337 *Hoffmann,* S. 130.
338 *Hoffmann,* S. 134.
339 *Roche,* Bd. I, S. 8.
340 *Fehrle,* S. 109.
341 *Fehrle,* S. 109.
342 *Roche,* Bd. I, S. 33.
343 *Hoffmann,* S. 134.
344 *Scheingraber,* S. 14.
345 *Hoffmann,* S. 142.
346 *Roche,* Bd. I, S. 40.
347 *Roche,* Bd. I, S. 39. Cf.: Anm. 301.
348 *Roche,* Bd. I, S. 9.

349 *Roche,* Bd. I, S. 40.
350 *Roche,* Bd. I, S. 4.
351 *Hoffmann,* S. 128.
352 *Fehrle,* S. 90.
353 *Hoffmann,* S. 138.
354 *Scheingraber,* S. 10.

Unsere Wochentage	Nordische Götter	Englische Bezeichnung	Schwedische Bezeichnung
Sonntag	Alfadur[1]	Sunday	Söndag
Montag		Monday	Mandag
Dienstag[2]	Ziuz, Tyr	Tuesday	Tisdag
Mittwoch	Wodan, Odin	Wednesday	Onsdag
Donnerstag	Donar, Thor	Thursday	Torsdag
Freitag	Freyja, Frigg	Friday	Fredag
Samstag[3]		Saturday	Lörsdag[4]

1 Wurde früher mit Odin verwechselt, mit dem er aber nicht identisch ist! Alfadur heisst Allvater, er ist der höchste Gott der nordischen Mythologie: Schöpfer, Ordner und Lenker des Alls. Sein Hauch weht durch alle Zeiten und niemand vermag ihn sich vorzustellen. Er war bevor die Welt bestand und alles ging aus seinem Schöpferwort hervor. Er ist nicht rächend, sondern gütig und wenn beim «Ragnarök» unsere Erde und die (nordischen) Götter untergehen, so schafft er eine neue Welt. – Dies wussten die «heidnischen» Nordländer, bevor sie zum Christentum bekehrt wurden.

2 Mundartlich: «Zischtig» von Ziuz.

3 Im Norddeutschen: Sonnabend (→ Vorabend).

4 Badetag.

Französische Bezeichnung	Italienische Bezeichnung	Römische Götter	Griechische Götter
Dimanche	Domenica	Sol	Helios
Lundi	Lunedi	Luna	Selene
Mardi	Mardedi	Mars	Ares
Mercredi	Mercoledi	Mercurius	Hermes
Jeudi	Giovedi	Iuppiter	Zeus
Vendredi	Venerdi	Venus	Aphrodite
Samedi	Sabato	Saturnus	Kronos

Erschaffung der Welt in 7 Tagen: (Genesis 1. Buch)

Sonntag	Tag und Nacht	Scheidung des Raumes
Montag	Luft und Wasser	
Dienstag	fruchtbares Land und sprudelndes Wasser	
Mittwoch	Sonne, Mond und Sterne	Bevölkerung des Raumes
Donnerstag	Vögel und Fische	
Freitag	Tiere und Menschen	
Samstag	Ruhetag	

Im Text erwähnte Bräuche, Feste und Namen

WIDDER

Pessach
Ostern
Osterhase
Ostereier
Färben der Eier
Eier ins Grab
Eierlaufen
Osterinsel (Vogelmensch)
Schlag mit der Lebensrute
mit Wasser bespritzen
in Wasser tauchen
Ballspiele zu Ostern
Murmeln
Osterkuchen
Feuer- und Wasserweihe
Osterkerze
Kirchen: Ost-West-Achse
Osterwasser
Gründonnerstag
Palmsonntag
Pflugumzüge
Maien
Pflug durch Wasser
Pflugmareien
Liber und Libera
Osterritt
Kuhglocke läuten
Lederschuh (nur 1)

STIER

Floralien
Flurumgänge
Füllhorn
Hasen in Arena
Hexensabbat
Walpurgisnacht
Hagazussa
Maifrau
Hexen vertreiben
Egge nach oben
Winter vertreiben (Lärm)
Pfingstl
Wilder Mann
Wasservogel
mit Wasser übergiessen
in die Knospen treiben
Brunnen herausputzen
Gras ausläuten
grüner Georg
Himmelfahrt (Donar)
Flurumzüge
erste Gewitter
Pfingsten
Schawuot
Dionysien
Lemurien
Bohnen werfen
Georg, Drachentöter

ZWILLINGE

Phallusfeste
Töne vertreiben Dämonen
Kirchenglocken
Alpsegen
Flurumgänge
Schwertwache
Hochzeit Wodan und Freyja
Maifeiern
Maikönig und -Königin
Laubmann Pfingskarr
Maibaum
Mailager, Brautläufe
Pfingstumziehen
Mädchentänze
Alten töten
Kranz- und Ringelstechen
Schützenfeste
Maibaum
Blochziehen

KREBS

Sonnenwendfeuer
Johannisfeuer
Scheibenschlagen
Feuerrad rollen
Schiessen und Feuer
Räuchern
Rauch
Geistervertreiben
Feuer überspringen
Johannisbaum
Kühe bekränzen
Unglück abwaschen
Johannisbad
Ulrichbrunnen
Petersfeuer und -Brunnen
Donar, Mjölnir: Petrus
Holunderblüten
Holunderholz verbrennen
Holunder und Tod
Hel, Holle, Unterwelt
Brunnen und Höhlen
St. Kilian
Totengedenktag
Tod am Johannistag
Unterwelt
Opfer an Hausgeister

LÖWE

Jupiter Calvus
Simson und Delila
letzte Garbe
Gottvaters Schimmel
Waultanz
Hufeisen
Vergoodendeel
Frau Goode
der Alte
die wilde Frau
rote Farbe
Wodan roter Bart
Erntefeste
Frauendreissiger
Neptunalien
Laubhütten

JUNGFRAU

Frauendreissiger
neue Kleider
Wurzweihtag
Kräuterbusch
Haus ausräuchern
Almgeister
Wachholder

Bartholomäusnacht
Hahn
Hahnentanz
Kirchweih
Jahrmärkte
Familiengräber
Tanzen
Lindenbaum
Dorfbrunnen
Frau Holle
Hammeltanz
Yggdrasil (Weltesche)
Weintrauben-Geiss
Schafböck
Fastenmonat Elul
Ramadan
Hyakinthos stirbt
Vortumnalien
Vinalia Rustica
Ops und Consus
Volcanalien
Eleusinen
Demeter/Ceres
Kornmutter
Ährenkranz
Maria
Spica
alte Frau
Grossvater

WAAGE

Schattenreich
Eisriesen
Proserpina/Pluto
Michaelitag
deutscher Michel
Seelenwäger
Schutzengelfest
Totenspeisen
Ding
Kirchweih
Jahrmärkte
Kirchweihbaum
grosses Gericht
Thesmophorien
jüd. Neujahr
Laubhüttenfest
Simchat Thora

SKORPION

Erzengel Raphael
St. Wolfgang
in Erdlöcher kriechen
Allerheiligen
Allerseelen
arme Seelen
Prozessionen
Glocken läuten
Lichter auf Gräber
Seelenzöpfe
Allerseelenspeise
Bohnen
Hülsenfrüchte
Genesia
Oktoberreiten
Pferdeopfer
St. Hedwig
Totenschuh
St. Leonhard
Umritte und Galoppfahrten
Grenzlinie
St. Martin
Schlenkeltag
Feuer
Gerte
Martinsminne
Martini-Gans
Hollegans

Martins Gänsehimmel
Gans und Nemesis
weisses Pferd
Hod tötet Baldur

SCHÜTZE

St. Andreas
Dämonenabwehr
Fruchtbarkeitszauber
Kreuzwege/Hexen
Barbarazweige
Roratemessen
Adventszeit
Adventskranz
Klöpfelnächte
Lärmumzüge
St. Nikolaus
Lichtträger
Nussmärtel
Martiniweibl
Schuh an Schornstein
Grättimänner
Iduna, Äpfel
böse Kläuse
Isegrindnacht
Wolf
Jagd auf Chlaus
St. Luzia
Perchta
Perchten
Lussi in Schweden
Perchta
weisse Frau
Mädchen auf Weihn.esel
ausräuchern
St. Thomas
Rumpelnacht
wilde Jagd
Divalia

STEINBOCK

Weihnachten
Christi Geburt
Julfest
Solstitium
Zwölf-Nächte
Jul-Galt,-Bock,-Tupp
Wonnezeit
Dickbauchabend
Opfergebäck zu Weihnachten
Tierverkleidungen
Mithras
grüne Pflanzen
Efeu, Strena
Mistel
Druiden
Weihnachtsbaum
Tannenbaum
Weltenbaum
Baum schmücken
Weihnachtsgebäck
Julgeister, Hausgeister
ausräuchern
das wilde Heer
Umritte
Schnabelgeissen
Stüpfnasen
Sturmdämonen
Fruchtbarkeit
Weihnachts-Essen
Saturnalien
Königsopfer
Dreikönigskuchen
Bohnenkönig
Weihnachtsklotz

WASSERMANN

Fabian-Sebastian

Lichtmess
Kerze
Diasien
Quellgöttin Carmenta
Lupercalien
Fruchtbarkeit
Reinigungsfest
Fasnacht
Fasching
Karneval
Carrus Navalis
Nehalennia
Anthesterien
Narrenschiffe
Totenbräuche
Totaustragen
Liberalien
Toga Virilis
Schlagen mit Schweinsblase
Maskieren
Ordnung umdrehen
Larven
Rügerecht
Bänkelsingen
Heischen
Haberfeldtreiben
Charivari, Hellequin
Saubannerzug
Heimsuchungen
Klosterstürmen
Tänze
Ehe
Hieros Gamos
göttlicher Tanz
Fasnachtsspiele
wilder Mann
Lärm
Katzenmusik
Ononhouarori
Masken
zerschlagen von Dingen
mit Wasser begiessen
Schaden anrichten
Matronalien
Frauenfeste
Hirschmontag
Tschäpperlemändig
um Bock herumtanzen
Feschtschmaus
Diana
Frauenfeste

FISCHE

Oannes
Dagon
Opferfeuer
Funkensonntag
Feuerräder
Samen zünden
ausräuchern
Scheibenschlagen
Petri Stuhlfeier
Totenfest
Palmsonntag
Gründonnerstag
Dies Viridium
Kräutersuppen
Baumbeten
Palmzweige
Blütenkätzchen essen
Honig, Biene, Diana
Hutz-Ghür
Schellengurten
Iltis
Palmprozessionen
Sommerstecken
Kämpfe Sommer: Winter
Winter jagen
in Brunnen tauchen
Heumuetterlitag

anschwärzen
ruessige Fritig
Tod verbrennen
Tod austragen
Ratschen und Klappern
Rumpelmetten
Heidenlärm
Judas jagen
Prozessionen mit Trommeln
Teufel jagt Holzfrau

Sommer einbringen
Frühjahr einbringen
Roitschäggete
Gret-Schell
Hutz-Gür
Schellengurten
Licht bachabschicken
Vinalia Priora
Starktrinken mit Met

INDEX